The Beatles *Complete* *Chord*Songbook

Introduction

Welcome to one of the world's greatest collections of popular music – the songs of The Beatles. Thirty years and more have elapsed since many of these remarkable songs were written and recorded, but their magic is undimmed. This book covers all the songs The Beatles wrote and recorded themselves, with the exception of instrumentals and Lennon-McCartney songs recorded only by other artists. To assist your enjoyment of playing these songs here are some tips:

Shapes

This book presents The Beatles' songs in a format designed for a guitarist singing the songs unaccompanied, or with others. For this reason chord shapes have been simplified where possible. The Beatles made frequent use of barre chords up and down the neck, as on songs like 'She's A Woman' or 'I Feel Fine'. These can get tiring, especially on an acoustic guitar, so easier shapes have sometimes been substituted.

Capo

Some of these songs require a capo. Numbers like 'Norwegian Wood' used a capo on the original recordings, while in other instances (such as 'Your Mother Should Know' and 'Strawberry Fields Forever') a capo has been used to make playing in difficult keys easier.

Tuning

All the songs in this book have been transcribed in the same keys as used on the original recordings. However, The Beatles did occasionally detune their guitars when recording (for example 'Lovely Rita Meter Maid' used guitars with strings tuned down a semitone, and 'Yesterday' used guitars tuned a tone below concert pitch). Also note that if you are playing along with the record you may need to tune slightly sharp or flat on some songs. This slight deviation from concert pitch occurs for a number of reasons, including the fact that The Beatles experimented with 'vari-speeding' their tapes. Sometimes this resulted in a song whose key is pitched between two notes.

Muting and finger-picking

Players who wish to learn the correct finger-picking for songs such as 'Blackbird', 'Julia' and 'Here Comes The Sun' should seek out fully tabbed versions. The versions in this book are designed for strumming. George Harrison's Indian-influenced songs present a special problem since they do not have chords in the conventional Western sense. An attempt has been made to give a flavour of the melody. Therefore in songs like 'Within You Without You' and 'Love You To' try playing the suggested chords with a thumb and two fingers to avoid having to mute the other strings.

Cover designed by Studio Twenty
Music arranged by Rikky Rooksby
Music edited by Arthur Dick
Music engraved by The Pitts
Cover from a photograph by Richard Mitchell/Rex Features
Back cover photograph by Redferns

ISBN 978-0-634-02229-6

7777 W. BLUEMOUND RD. P.O. BOX 13819 MILWAUKEE, WI 53213

Visit Hal Leonard Online at
www.halleonard.com

Relative Tuning

The guitar can be tuned with the aid of pitch pipes or dedicated electronic guitar tuners which are available through your local music dealer. If you do not have a tuning device, you can use relative tuning. Estimate the pitch of the 6th string as near as possible to E or at least a comfortable pitch (not too high, as you might break other strings in tuning up). Then, while checking the various positions on the diagram, place a finger from your left hand on the:

5th fret of the E or 6th string and **tune the open A** (or 5th string) to the note Ⓐ

5th fret of the A or 5th string and **tune the open D** (or 4th string) to the note Ⓓ

5th fret of the D or 4th string and **tune the open G** (or 3rd string) to the note Ⓖ

4th fret of the G or 3rd string and **tune the open B** (or 2nd string) to the note Ⓑ

5th fret of the B or 2nd string and **tune the open E** (or 1st string) to the note Ⓔ

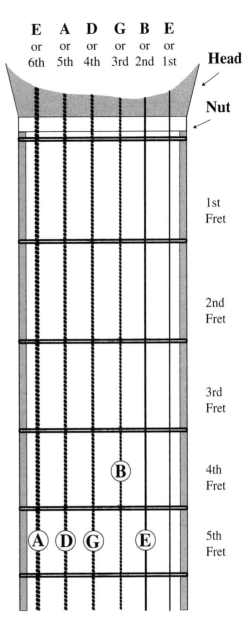

Reading Chord Boxes

Chord boxes are diagrams of the guitar neck viewed head upwards, face on as illustrated. The top horizontal line is the nut, unless a higher fret number is indicated, the others are the frets.

The vertical lines are the strings, starting from E (or 6th) on the left to E (or 1st) on the right.

The black dots indicate where to place your fingers.

Strings marked with an O are played open, not fretted.

Strings marked with an X should not be played.

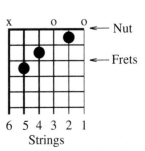

A Day In The Life

Words & Music by
John Lennon & Paul McCartney

Intro | G   Bm | Em   Em⁷ | C | C ||

Verse 1

G   Bm   Em   Em⁷
I read the news today, oh boy,

C   C/B   Asus²
About a lucky man who made the grade.

G   Bm   Em   Em⁷
And though the news was rather sad,

C   F   Em   Em⁷
Well, I just had to laugh,

C   F   Em   C
I saw the photograph.

Verse 2

G   Bm   Em   Em⁷
He blew his mind out in a car,

C   C/B   Asus²
He didn't notice that the lights had changed.

G   Bm   Em   Em⁷
A crowd of people stood and stared,

C   F
They'd seen his face before,

Em
Nobody was really sure

Em⁷   C
If he was from the House of Lords.

Verse 3

G   Bm   Em Em7
I saw a film today, oh boy,

C   C/B   Asus2
The English army had just won the war.

G   Bm   Em   Em7
A crowd of people turned away,

C   F   Em
But I just had to look,

       Em7   C
Having read the book,

      N.C.(B5)
I'd love to turn you on.

Instrumental

‖: N.C. | N.C. | N.C. | N.C. | N.C. :‖ E | E ‖

Middle

(E)   Dsus2
Woke up, got out of bed, dragged a comb across my head,

      E   B7sus4
Found my way downstairs and drank a cup

     E   B7sus4   B7
And looking up I noticed I was late. Ha, ha, ha.

       E
Found my coat and grabbed my hat,

           Dsus2
Made the bus in seconds flat,

      E   B7sus4
Found my way upstairs and had a smoke

     E   B7sus4
And somebody spoke and I went into a dream.

Interlude

C G   D A E   C G   D A | E D C D ‖
Ah,＿ ah,＿ ah,＿ ah,＿ ah. ＿

Verse 4

G   Bm   Em Em7
I read the news today, oh boy,

C   C/B   Asus2
Four thousand holes in Blackburn, Lancashire.

G   Bm   Em   Em7
And though the holes were rather small,

C   F
They had to count them all;

Em   Em7   C
Now they know how many holes it takes to fill the Albert Hall.

      N.C.(B5)
I'd love to turn you on.

Instrumental

‖: N.C. | N.C. | N.C. | N.C. | N.C. :‖ E ‖

A Hard Day's Night

Words & Music by
John Lennon & Paul McCartney

Verse 1

G7sus4   G   C   G
It's been a hard day's night,
              F   G
And I've been working like a dog.
          C   G
It's been a hard day's night,
         F   G
I should be sleeping like a log.
         C
But when I get home to you,
        D
I find the things that you do,
       G   C7 G
Will make me feel al - right.

Verse 2

      G   C G
You know I work all day,
         F   G
To get you money to buy you things.
                C   G
And it's worth it just to hear you say,
         F   G
You're gonna give me everything.
         C
So why on earth should I moan,
        D
'Cause when I get you alone,
      G   C7 G
You know I feel O. K.

Middle 1

       Bm
When I'm home

Em   **Bm**
Ev'rything seems to be right.

            G
When I'm home,

Em
Feeling you holding me

C7   **D7**
Tight, tight, yeah.

Verse 3   As Verse 1

Instrumental $\left\| \colon \right.$ G   C | G | F | G $\left. \colon \right\|$

          C
So why on earth should I moan,

            D
'Cause when I get you alone,

           G   **C7 G**
You know I feel O. K

Middle 2

       Bm
When I'm home

Em   **Bm**
Ev'rything seems to be right.

            G
When I'm home,

Em
Feeling you holding me

C7   **D7**
Tight, tight, yeah.

Verse 4   As Verse 1

Outro

C7   **G** **C7**   **G**
  You know I feel al - right,

C7   **G** **Cadd9** **Fadd9** **F***
  You know I feel al - right.

$\left\| \colon \right.$ **Fadd9**   **F*** | **Fadd9** **F*** $\left. \colon \right\|$ *Repeat to fade*

Across The Universe

Words & Music by
John Lennon & Paul McCartney

Tune guitar down one semitone

Intro | D | F♯m | A ||

Verse 1
        D   Bm   F♯m
Words are flying out like endless rain into a paper cup,
        Em⁷   A⁷
They slither wildly as they slip away across the universe.
D   Bm   F♯m
Pools of sorrow, waves of joy are drifting through my open mind,
        Em⁷   Gm
Possessing and caressing me.

Chorus 1
        D   A⁷
Jai. Guru. Deva. Om.
        A
Nothing's gonna change my world,
        G   D
Nothing's gonna change my world.
        A
Nothing's gonna change my world,
        G   D
Nothing's gonna change my world.

Verse 2
               Bm   F♯m   Em⁷
Images of broken light which dance before me like a million eyes,
                  A⁷
They call me on and on across the universe.
D   Bm   F♯m
Thoughts meander like a restless wind inside a letter box,
        Em⁷   A⁷
They tumble blindly as they make their way across the universe.

Chorus 2

D   A⁷

D   **A⁷**
Jai. Guru. Deva. Om.

A
Nothing's gonna change my world,

G   **D**
Nothing's gonna change my world.

A
Nothing's gonna change my world,

G   **D**
Nothing's gonna change my world.

Verse 3

                  Bm   **F♯m**
Sounds of laughter, shades of life are ringing through my opened ears,

    Em⁷   **Gm**
Inciting and inviting me.

D   **Bm**   **F♯m**   **Em⁷**
Limitless, undying love which shines around me like a million suns,

              A⁷
It calls me on and on across the universe.

Chorus 3

D   **A⁷**
Jai. Guru. Deva. Om.

A
Nothing's gonna change my world,

G   **D**
Nothing's gonna change my world.

A
Nothing's gonna change my world,

G   **D**
Nothing's gonna change my world.

Outro

   (D)
𝄆 Jai. Guru. Deva. 𝄇 *Repeat to fade*

11

All I've Got To Do

Words & Music by
John Lennon & Paul McCartney

Intro | E11(♯5) ||

Verse 1
            C♯m   E
Whenever I ____ want you around, yeah,
            C♯m   F♯m
All I gotta do ____ is call you on the phone

And you'll come running home,
        Am   E
Yeah, that's all I ____ gotta do.

Verse 1
            C♯m   E
And when I, ____ I wanna kiss you, yeah,
            C♯m   F♯m
All I gotta do ____ is whisper in your ear

The words you long to hear,
        Am   E
And I'll ____ be kissing you.

Chorus 1
                      A
And the same goes for me,

Whenever you want me at all,
         C♯m
I'll be here, yes I will, whenever you call,
      A   E C♯m
You just gotta call on me, yeah,
      A   E
You just gotta call on me.

Verse 3

      N.C.   **C♯m**   **E**
And when I, _____ I wanna kiss you, yeah,

          C♯m   **F♯m**
All I gotta do _____ is call you on the phone

And you'll come running home,

     Am   **E**
Yeah,   that's all I _____ gotta do.

Chorus 2

                   A
And the same goes for me,

Whenever you want me at all,

     C♯m
I'll be here, yes I will, whenever you call,

     A   **E**   **C♯m**
You just gotta call on me, yeah,

     A   **E**
You just gotta call on me,

     A   **E**
You just gotta call on me.

Outro

       C♯m **E**   **C♯m**
Mmm. _____   *Fade out*

All My Loving

Words & Music by
John Lennon & Paul McCartney

Verse 1

N.C.	F#m	B

Close your eyes and I'll kiss you,

E	C#m

Tomorrow I'll miss you,

A	F#m	D	B7

Remember, I'll always be true.

F#m	B

And then while I'm away

E	C#m

I'll write home every day,

A	B*	E

And I'll send all my loving to you.

Verse 2

N.C.	F#m	B

I'll pretend that I'm kissing

E	C#m

The lips I am missing

A	F#m	D	B7

And hope that my dreams will come true.

F#m	B

And then while I'm away

E	C#m

I'll write home every day,

A	B	E

And I'll send all my loving to you.

Chorus 1

C#m	Caug	E

All my loving I will send to you,

C#m	Caug	E

All my loving, darling I'll be true.

Solo | A⁷ | A⁷ | E* | E* |

| B⁷ | B⁷ | E* | E* ‖

Verse 3

  N.C.   F♯m   B
Close your eyes and I'll kiss you,

    E   C♯m
Tomorrow I'll miss you,

    A   F♯m   D   B⁷
Remember, I'll always be true.

         F♯m   B
And then while I'm away

         E   C♯m
I'll write home every day,

       A   B   E
And I'll send all my loving to you.

Chorus 2

       C♯m Caug   E
All my loving I will send to you,

       C♯m Caug   E
All my loving, darling I'll be true.

       C♯m
All my loving,

      E
All my loving oo-ooh,

       C♯m
All my loving

          E*
I will send to you.

All Together Now

Words & Music by
John Lennon & Paul McCartney

Intro   F♯ ‖: G | G | G | G   :‖

Verse 1
G   D7
One, two, three, four, can I have a little more?
G   D7   G
Five, six, seven, eight, nine, ten, I love you.

Verse 2
G   D7
A, B, C, D, can I bring my friend to tea?
G   D7   G
E, F, G, H, I, J, I love you.

Bridge 1
(Boom boom boom

C6
Boom boom boom.) Sail the ship,

G
(Boom boom boom.) Chop the tree,

C6
(Boom boom boom.) Skip the rope,

D6   D7
(Boom boom boom.) Look at me! _____

(All together now.)

Chorus 1
G
All together now, (all together now.)

All together now, (all together now.)
D7
All together now, (all together now.)
G
All together now, (all together now.)

Verse 3

G   D7
Black, white, green, red, can I take my friend to bed?
G   D7   G
Pink, brown, yellow, orange and blue, I love you.

(All together now.)

Chorus 2

  G
‖: All together now, (all together now.)

All together now, (all together now.)
D7
All together now, (all together now.)
G
All together now, (all together now.) :‖

Bridge 2

(Boom boom boom
C6
Boom boom boom.) Sail the ship,
G
(Boom boom boom.) Chop the tree,
C6
(Boom boom boom.) Skip the rope,
D6   D7
(Boom boom boom.) Look at me! _____

(All together now.)

Chorus 3

  G
‖: All together now, (all together now.)

All together now, (all together now.)
D7
All together now, (all together now.)
G
All together now, (all together now.) :‖

Chorus 4

G
All together now, (all together now.)

All together now, (all together now.)
D7
All together now, (all together now.)
      G
All together now. _____

All You Need Is Love

Words & Music by
John Lennon & Paul McCartney

Intro | G   D | G | C   D7 ||

G   D   Em7
Love, love, love,

G   D   Em7
Love, love, love,

D7/A   G   D7/F♯   D7/E
Love, love, love.

| D   D/C | D ||

Verse 1
G   D/F♯   Em7
   There's nothing you can do that can't be done,

G   D/F♯   Em7
   Nothing you can sing that can't be sung,

D7/A   G
   Nothing you can say,

       D/F♯   D7/E
But you can learn how to play the game,

   D   D/C   D
It's easy.

Verse 2
G   D/F♯   Em7
   Nothing you can make that can't be made,

G   D/F♯   Em7
   No-one you can save that can't be saved,

D7/A   G
   Nothing you can do,

       D/F♯   D7/E
But you can learn how to be you in time,

   D   D/C   D
It's easy.

Chorus 1

G   A7   D   D7
All you need is love,

G   A7   D   D7
All you need is love,

G   B7   Em   Em7
All you need is love, love,

C   D7   G
Love is all you need.

Link

G   D   Em7
(Love, love, love,)

G   D   Em7
(Love, love, love,)

D7/A   G   D7/F♯ D7/E
(Love, love, love.)

| D D/C | D   ‖

Chorus 2   As Chorus 1

Verse 3

G   D/F♯   Em7
There's nothing you can know that isn't known,

G   D/F♯   Em7
There's nothing you can see that isn't shown,

D7/A   G
There's nowhere you can be

           D/F♯   D7/E
That isn't where you're meant to be,

    D   D/C   D
It's easy.

Chorus 3   As Chorus 1

Chorus 4   As Chorus 1

Coda

G
Love is all you need.

(Love is all you need.)

   (G)
‖: Love is all you need.

(Love is all you need.) :‖ *Repeat to fade*

And I Love Her

Words & Music by
John Lennon & Paul McCartney

Intro | F♯m | F♯m | E6 | E6 ||

Verse 1
    F♯m   C♯m
    I give her all my love,
    F♯m   C♯m
    That's all I do,
    F♯m   C♯m
    And if you saw my love,
  A   B
  You'd love her too,
    E
I love her.

Verse 2
    F♯m   C♯m
    She gives me everything,
    F♯m   C♯m
    And tenderly,
    F♯m   C♯m
    The kiss my lover brings,
  A   B
She brings to me,
    E
And I love her.

Bridge
  C♯m   B
  A love like ours
  C♯m   G♯m
  Could never die
  C♯m   G♯m
  As long as I
        B   B7
Have you near me.

Verse 3

F♯m   C♯m
    Bright are the stars that shine,

F♯m   C♯m
   Dark is the sky,

F♯m   C♯m
   I know this love of mine

A   B
   Will never die,

      E
And I love her.

Solo

| Gm | Dm | Gm | Dm | Gm |

| Dm | B♭ | C | F | F |

Verse 4

Gm   Dm
   Bright are the stars that shine,

Gm   Dm
   Dark is the sky,

Gm   Dm
   I know this love of mine

B♭   C
   Will never die,

     F
And I love her.

Coda

| Gm | Gm | F | F |

| Gm | Gm | D |

And Your Bird Can Sing

Words & Music by
John Lennon & Paul McCartney

Capo second fret

Intro | D | D | D | D ||

Verse 1
D
You tell me that you've got everything you want,

And your bird can sing,
                              Em
But you don't get me,
G   **D**
  You don't get   me.

Verse 2
D
You say you've seen seven wonders,

And your bird is green,
                              Em
But you can't see me,
G   **D**
  You can't see   me.

Bridge 1
F♯m   **F♯m(maj7)**
When your prized possessions
F♯m7   **B7**
Start to weigh you down,
D   **Em**
Look in my direction,
                              A
I'll be 'round, I'll be 'round.

Solo 1

| D | D | D | D | |
| Em | G | D | D | |

Bridge 2

F♯m   F♯m(maj⁷)
When your bird is broken,

F♯m⁷   B⁷
Will it bring you down?

D   Em
You may be awoken,

                                    A
I'll be 'round, I'll be 'round,

Verse 3

              D
You tell me that you've heard every sound there is,

And your bird can swing,

                            Em
But you can't hear me,

G   D
  You can't hear   me.

Solo 2

| D | D | D | D | |
| Em | G | D | D | |

Coda

| D | D | D | G/D | |

Another Girl

Words & Music by
John Lennon & Paul McCartney

A7   D7   A   G   D   E7   C   G7

Intro

| N.C. | A7 D7 | A7 D7 | A |

For I have got another girl, another girl.

Verse 1

(A)   G   A
You're making me say that I've got
                        D
Nobody but you,
A   G   A
   But as from today, well I've got
                        D
Somebody that's new.
D7   E7
I ain't no fool and I don't take what I don't want,
N.C.   A7 D7   A7 D7   A
For I have got another girl, another girl.

Verse 2

(A)   G   A
She's sweeter than all the girls and
                        D
I've met quite a few,
A   G   A
   Nobody in all the world can
                        D
Do what she can do.
D7   E7
And so I'm telling you this time you'd better stop,
N.C.   A7 D7   A7 D7
For I have got another girl.

Bridge 1

                C   **G7**   **C**
Another girl who will love me till the end,

G7   **C**
   Through thick and thin,

           E7   **A**   **E7**
She will always be my friend.

Verse 3

A   **G**   **A**
  I don't wanna say that I've been

               D
Unhappy with you,

A   **G**   **A**
  But as from today, well I've seen

               D
Somebody that's new.

D7   **E7**
I ain't no fool and I don't take what I don't want,

N.C.   **A7** **D7**   **A7** **D7**
For I have got   another girl.

Bridge 2

                C   **G7**   **C**
Another girl who will love me till the end,

G7   **C**
   Through thick and thin,

           E7   **A**   **E7**
She will always be my friend.

Verse 4

A   **G**   **A**
  I don't wanna say that I've been

               D
Unhappy with you,

A   **G**   **A**
  But as from today, well I've seen

               D
Somebody that's new.

D7   **E7**
I ain't no fool and I don't take what I don't want,

N.C.   **A7** **D7**   **A7**
For I have got   another girl.

D7   **A7** **D7**   **A**
  Another girl,   another girl.

Any Time At All

Words & Music by
John Lennon & Paul McCartney

Chorus 1

N.C.   **Bm**   **D**
Any time at all,

        A
Any time at all,

        Bm
Any time at all,

                G
All you've got to do is call

     A   **Dsus4** **D** **Dsus2** **D**
And I'll be there.

Verse 1

     D   **F#m/C#**
  If you need somebody to love,

Bm   **Gm/B♭**
  Just look into my eyes,

D/A   **A**   **D**
I'll be there to make you feel right.

Verse 2

                  F#m/C#
If you're feeling sorry and sad,

Bm   **Gm/B♭**
  I'd really sympathise.

D/A   **A**   **Dsus4** **D** **Dsus2** **D**
Don't you be sad, just call me tonight.

Chorus 2   As Chorus 1

Verse 3

| D | F♯m/C♯ |

If the sun has faded away,

Bm   **Gm/B♭**

I'll try to make it shine.

D/A   **A**   **D**

There is nothing I won't do.

Verse 4

                     F♯m/C♯

When you need a shoulder to cry on,

Bm   **Gm/B♭**

I hope it will be mine.

D/A   **A**   **Dsus4 D Dsus2 D**

Call me tonight, and I'll come to you.

Chorus 3   As Chorus 1

Solo | **A** | **A7** | **A** | **A7** | **G** | **A** |

               | **G** | **A** | **Dsus4 D Dsus2** | **D**   ‖

Chorus 4

N.C.   **Bm**   **D**

Any time at all,

               A

Any time at all,

               Bm

Any time at all,

                     G

All you've got to do is call

        A   **Dsus4 D Dsus2 D**

And I'll be there.

               G

Any time at all,

                     A

All you've got to do is call

             Dsus4 D Dsus2 D

And I'll be there.

Ask Me Why

Words & Music by
John Lennon & Paul McCartney

E	F♯m7	G♯m7	G♯7	C♯m

Am	F♯7	B	Eaug	A	A*

Intro | E ‖

Verse 1

E F♯m7 G♯m7 F♯m7
I love you, _____

                                   E
'Cause you tell me things I want to know.

E   F♯m7 G♯m7 F♯m7
And it's   true _____

                          E
That it really only goes to show

G♯7
That I know

     C♯m   Am   F♯7   B
That I, I, I, I should never, never, never be blue. _____

Verse 2

E   F♯m7 G♯m7 F♯m7
Now you're mine _____

                      E
My happiness still makes me cry.

E   F♯m7 G♯m7 F♯m7
And in   time _____

                       E
You'll understand the reason why

G♯7
If I cry

     C♯m
It's not because I'm sad,

                 Am   E   Eaug
But you're the only love that I've ever had.

Bridge 1

          A   B   E   Eaug
I can't believe it's happened to me,

              A   B   E   N.C.   (B)
I can't conceive of any more   misery.

Chorus 1

E   F♯m7 G♯m7
Ask me   why,

        A*
I'll say I love you

        G♯m7   A*   E
And I'm always thinking of you. ____

Verse 3

E F♯m7 G♯m7 F♯m7
I   love   you, _____

                           E
'Cause you tell me things I want to know.

E   F♯m7 G♯m7 F♯m7
And it's   true _____

                 E
That it really only goes to show

G♯7
That I know

      C♯m   Am   F♯7   B
That I, I, I, I should never, never, never be blue. ____

Chorus 2

E   F♯m7 G♯m7
Ask me   why,

        A*
I'll say I love you

        G♯m7   A*   E Eaug
And I'm always thinking of you. ____

Bridge 2   As Bridge 1

Chorus 3

E   F♯m7 G♯m7
Ask me   why,

        A*
I'll say I love you

        G♯m7   A*   E
And I'm always thinking of you. ____

A*   E
You, ____

A*   G♯m7
You. ____

Baby You're A Rich Man

Words & Music by
John Lennon & Paul McCartney

Intro

| G | C/G | G | C/G | G⁷ | C/G | G⁷ | C/G |

Verse 1

G   C/G   G⁷
How does it feel to be one of the beautiful people?
G   F/G
Now that you know who you are,
F   G   C
What do you want to be?
G   F/G
And have you travelled very far?
F   G   C
Far as the eye can see.

Verse 2

G   C/G   G⁷
How does it feel to be one of the beautiful people?
G   F/G
How often have you been there?
F   G   C
Often enough to know.
G   F/G
What did you see when you were there?
F   G   C
Nothing that doesn't show.

Chorus 1

G
Baby you're a rich man,
C
Baby you're a rich man,
G   C
Baby you're a rich man too.
       B♭6   G⁷/B   C
You keep all your money in a big brown bag
         G⁷
Inside a zoo.
               C
What a thing to do.

G
Baby you're a rich man,

C
Baby you're a rich man,

G   C
Baby you're a rich man too.

Verse 3

G   C/G   G7
How does it feel to be one of the beautiful people?

G   F/G
Tuned to a natural E,

F   G   C
Happy to be that way.

G   F/G
Now that you've found another key,

F   G   C
What are you going to play?

Chorus 2

G
Baby you're a rich man,

C
Baby you're a rich man,

G   C
Baby you're a rich man too.

B♭6   G7/B   C
You keep all your money in a big brown bag

G7
Inside a zoo.

                 C
What a thing to do.

G
Baby you're a rich man,

C
Baby you're a rich man,

G   C
Baby you're a rich man too.

Outro

‖: G
Baby you're a rich man,

C
Baby you're a rich man,

G   C
Baby you're a rich man too. :‖ *Repeat and fade*

Baby's In Black

Words & Music by
John Lennon & Paul McCartney

Intro | (A)   (A/E) | A ||

Chorus 1
   A   E7
Oh dear, what can I do?
  D7   E
Baby's in black and I'm feeling blue,
      A D   A
Tell me, oh, what can I do?

Verse 1
   A
She thinks of him,
     A7   D
And so she dresses in black,
            A
And though he'll never come back,
  E   A
She's dressed in black.

Chorus 2   As Chorus 1

Verse 2
   A
I think of her,
     A7   D
But she thinks only of him,
         A
And though it's only a whim,
  E   A
She thinks of him.

Bridge 1
   F♯m B7
Oh, how long will it take,
   D   E7   A
Till she sees the mistake she has made.

Chorus 3
          E7
Oh dear, what can I do?

D7   E
Baby's in black and I'm feeling blue,

        A   D   A
Tell me, oh, what can I do?

Solo | A | E | D | E | A D | A ||

Bridge 2
F♯m   B7
Oh, how long will it take,

D   E7   A
Till she sees the mistake she has made.

Chorus 4
          E7
Dear, what can I do?

D7   E
Baby's in black and I'm feeling blue,

        A   D   A
Tell me, oh, what can I do?

Verse 3
A
She thinks of him,

    A7   D
And so she dresses in black,

                      A
And though he'll never come back,

E   A
She's dressed in black.

Chorus 5
A   E7
Oh dear, what can I do?

D7   E
Baby's in black and I'm feeling blue,

        A   D   A
Tell me, oh, what can I do?

Back In The USSR

Words & Music by
John Lennon & Paul McCartney

Intro | E7 | E7 | E7 | E7 ||

Verse 1
A   D
Flew in from Miami Beach B. O. A. C.,
C   D
Didn't get to bed last night.
A   D
On the way the paper bag was on my knee,
C   D
Man, I had a dreadful flight.

Chorus 1
                                              A
I'm back in the U. S. S. R., ___
C   D
  You don't know how lucky you are boy.
(D) N.C.   A   E7
      Back in the U. S. S. R.

Verse 2
A   D
Been away for so long I hardly knew the place,
    C   D
Gee it's good to be back home.
A   D
Leave it till tomorrow to unpack my case,
C   D
Honey, disconnect the phone.

Chorus 2

                  A
I'm back in the U. S. S. R., ___

C   **D**
  You don't know how lucky you are boy.

(D) N.C.   **A**
  Back in the U.S., back in the U.S., back in the U. S. S. R. ___

Bridge 1

                D
Well the Ukraine girls really knock me out,

       A
They leave the West behind,

      D*   **D♭**   **C***   **B**
And Moscow girls make me sing and shout

      E⁷   **D⁷**   **A**   **E⁷**
That Georgia's always on my mi-mi-mi-mi-mi-mi-mi-mind.

Solo   ‖: **A** | **D** | **C** | **D**   :‖

Chorus 3

                  A
I'm back in the U. S. S. R., ___

C   **D**
  You don't know how lucky you are boys.

(D) N.C.   **A**
  Back in the U. S. S. R. ___

Bridge 2   As Bridge 1

Verse 3

A   **D**
Show me round your snow-peaked mountains way down south,

C   **D**
Take me to your daddy's farm.

A   **D**
Let me hear your balalaikas ringing out,

C   **D**
Come and keep your comrade warm.

Chorus 4

                  A
I'm back in the U. S. S. R., ___

C   **D**
  You don't know how lucky you are boy.

(D) N.C.   **A**
  Back in the U. S. S. R. ___

               E⁷   **A**
Oh, let me tell you honey.

                 Play 3 times
     ‖: **A** | **A**   :‖ **A**   ‖

Because

Words & Music by
John Lennon & Paul McCartney

C#m   D#m7b5   G#7   A   A7

A7add13   D   D(b5)   Ddim   F#

Intro

| C#m | C#m | D#m7b5 | G#7 | |

| A | C#m | A7 | A7add13 ||

D   D(b5) Ddim
Ah. _____

Verse 1

      C#m
Because the world is round
           D#m7b5 G#7
It turns me on, _____
     A   C#m   A7   A7add13
Because the world is round, _____
D   D(b5) Ddim
Ah. _____

Verse 2

      C#m
Because the wind is high
          D#m7b5   G#7
It blows my mind, _____
     A   C#m   A7   A7add13
Because the wind is high, _____
D   D(b5) Ddim
Ah. _____

Bridge

  (Ddim)   F#
Love is old, love is new,
              G#7
Love is all, love is you.

Verse 3

       C♯m
Because the sky is blue

        D♯m7♭5   **G♯7**
It makes me cry, _____

  A   **C♯m**   **A7**   **A7add13**
Because the sky is blue, _____

D   **D(♭5)** **Ddim**
Ah. _____

Instrumental
| **C♯m** | **C♯m** | **D♯m7♭5** | **G♯7** |
(Ah.) __   (Ah.) _____

| **A** | **C♯m** | **A7** | **A7add13** |
(Ah.) __   Ah. _____

| **D** | **D(♭5)** **Ddim** |
Ah. _____

Being For The Benefit Of Mr Kite

Words & Music by
John Lennon & Paul McCartney

Intro | B♭ | A | Dm G ‖

Verse 1
        Cm   Gaug
For the benefit of Mr. Kite,
B♭   Dm   G   Gaug
There will be a show tonight on trampoline.
       Cm   Gaug
The Hendersons will all be there,
B♭   Dm   A
Late of Pablo Fanque's fair, what a scene!
       Dm   Dm7
Over men and horses, hoops and garters,
B♭   A   Dm
Lastly through a hogshead of real fire!
       Gm   A   Dm
In this way, Mr. K. will challenge the world.

Link | Gm A | Dm G ‖

Verse 2
       Cm   Gaug
The celebrated Mr. K.
B♭   Dm   G   Gaug
Performs his feat on Saturday at Bishopsgate.
       Cm   Gaug
The Hendersons will dance and sing
   B♭   Dm   A
As Mr. Kite flies through the ring, don't be late!

cont.

    Dm   **Dm⁷**
Messers K. and H. assure the public

B♭   **A**   **Dm**
Their production will be second to none.

       Gm   **A**
And of course, Henry the Horse dances the (waltz!)

Solo

| Dm Dm(maj⁷) | Dm⁷ Dm⁶ | A | A |
waltz!

| Dm Dm(maj⁷) | Dm⁷ Dm⁶ | B | Em Em⁷ |

| C   B | Em Em⁷ | C   B | Em | G ||

Verse 3

     Cm   **Gaug**
The band begins at ten to six,

     B♭   **Dm**   **G**   **Gaug**
When Mr. K. performs his tricks without a sound.

    Cm   **Gaug**
And Mr. H. will demonstrate

   B♭   **Dm**   **A**
Ten sommersets he'll undertake on solid ground.

     Dm   **Dm⁷**
Having been some days in preparation,

  B♭   **A**   **Dm**
A splendid time is guaranteed for all.

    Gm   **A**   **Dm** **Gm A**
And tonight Mr. Kite is topping the bill. _____

Solo

| Dm Dm(maj⁷) | Dm⁷ Dm⁶ | A | A |

| Dm Dm(maj⁷) | Dm⁷ Dm⁶ | B |

||: Em Em⁷ | C   B | Em Em⁷ | C   B :|| Em ||

39

Birthday

Words & Music by
John Lennon & Paul McCartney

A7   D7   E7   E   C   G   A

Intro

| (A7) | (A7) | (A7) | (A7) | (D7) | (D7) |

| (A7) | (A7) | (E7) | (E7) | (A7) | (A7) ||

Verse 1

A7   N.C.
You say it's your birthday,

A7 N.C.
It's my birthday too, yeah.

D7   N.C.
You say it's your birthday,

A7   N.C.
We're gonna have a good time.

E7   N.C.
I'm glad it's your birthday,

A7   N.C.
Happy birthday to you.

Link

| Drums for 8 bars | E | E | ||

Bridge

E
Yes, we're going to a party, party,

Yes, we're going to a party, party,

Yes, we're going to a party, party.

Middle 1

C   G
I would like you to dance,

C   G
(Birthday) Take a cha-cha-cha-chance,

C   G
(Birthday) I would like you to dance,

C   G   E
(Birthday) Dance! _____

Instrumental | (A7) | (A7) | (A7) | (A7) | (D7) | (D7) |

| (A7) | (A7) | (E7) | (E7) | (A7) | (A7) |

| (A) | (A) (G) | (A) | (A) (G) ‖

Middle 2

C   G
  I would like you to dance,

C   G
(Birthday) Take a cha-cha-cha-chance,

C   G
(Birthday) I would like you to dance,

C   G   E
(Birthday) Dance! _____

Verse 2

A7
  You say it's your birthday,

It's my birthday too, yeah.

D7
  You say it's your birthday,

A7
  We're gonna have a good time.

E7
  I'm glad it's your birthday,

A7
  Happy birthday to you.

Coda | A | A ▌

Blackbird

Words & Music by
John Lennon & Paul McCartney

Intro | G Am7 G/B | G* ||

Verse 1
```
G          Am7        G/B     G*
Blackbird singing in the dead of night,
C          C♯dim      D       D♯dim  Em  Em(maj7)
Take these broken wings and learn to fly.
D    C♯dim  C    Cm
All your    life,
G/B              A7              D7        G
You were only waiting for this moment to arise.
```

Link 1 | C G/B A7 | D7sus4 G ||

Verse 2
```
G          Am7        G/B     G*
Blackbird singing in the dead of night,
C          C♯dim      D       D♯dim  Em  Em(maj7)
Take these sunken eyes and learn to see.
D    C♯dim  C    Cm
All your    life,
G/B              A7              D7        G
You were only waiting for this moment to be free.
```

Bridge 1
```
F  C/E  Dm  C    B♭6  C
Black - bird,    fly. ____
F  C/E  Dm  C  B♭6  A7
Black - bird,    fly.
              D7sus4             G
Into the light of a dark black night.
```

Link 2

| G Am7 G/B | G* | C C#dim D D#dim | Em Em(maj7) |
(night.)
| D C#dim | C Cm | G/B A7 | D7sus4 G ‖

Bridge 2

F C/E Dm C Bb6 C
Black - bird, fly. ____

F C/E Dm C Bb6 A7
Black - bird, fly.

D7sus4 G
Into the light of a dark black night.

Link 3

| G Am7 G/B | G* | G | G |
(night.)

| G Am7 G/B | C G/B A7 | D7sus4 ‖

Verse 3

G Am7 G/B G*
Blackbird singing in the dead of night,

C C#dim D D#dim Em Em(maj7)
Take these broken wings and learn to fly.

D C#dim C Cm
All your life,

G/B A7 D7sus4 G
You were only waiting for this moment to arise.

Coda

C G/B A7 D7sus4 G
You were only waiting for this moment to arise.

C G/B A7 D7sus4 G
You were only waiting for this moment to arise.

Blue Jay Way

Words & Music by
George Harrison

C   C6   Cmaj7   C5   Cadd9   Cdim   C(b5)   fr3

Intro
| (C) | (C) | C6 Cmaj7 | C5 Cmaj7 |
| Cmaj7 C6 Cmaj7 Cadd9 | C Cmaj7 | C ||

Verse 1

N.C.   C
There's a fog upon L.A.
Cdim   C
And my friends have lost their way.
Cdim   C(b5)
We'll be over soon, they said,
Cdim   C
Now they've lost themselves instead.

Chorus 1

C6   Cmaj7 C5 Cmaj7
Please don't be long,
C6   Cmaj7 C5   Cmaj7
Please don't you be very long,
C6   Cmaj7 C5 Cmaj7
Please don't be long,
C6 C5 Cmaj7 C6 C5 C
Or I   may   be a - sleep. ___

Verse 2

N.C.   C
Well it only goes to show,
Cdim   C
And I told them where to go:
Cdim   C(b5)
Ask a policeman on the street,
Cdim   C
There's so many there to meet.

Chorus 2   As Chorus 1

Verse 3

N.C.   **C**
Now it's past my bed, I know,
Cdim   **C**
And I'd really like to go.
Cdim   **C($\flat$5)**
Soon will be the break of day,
Cdim   **C**
Sitting here in Blue Jay Way.

Chorus 3 As Chorus 1

Chorus 4

C6 **Cmaj7** **C5** **Cmaj7**
Please don't be long,
C6 **Cmaj7** **C5** **Cmaj7**
Please don't you be very long,
C6 **Cmaj7** **C5** **Cmaj7**
Please don't be long,

Link | **C5** | **C5** ||

Chorus 5 As Chorus 4

Link | **C5** | **C5** ||

Chorus 6 As Chorus 4

Chorus 7

C
Don't be long, don't be long,

Don't be long,

Don't be long, ___

Don't be long, don't be long,

Don't be long.

Can't Buy Me Love

Words & Music by
John Lennon & Paul McCartney

| Em | Am | Dm | G¹³ | C⁷ | F⁷ | G⁷ |

Intro

                 Em Am Em Am
Can't buy me love, ____ love, ____

          Dm G¹³
Can't buy me love. ____

Verse 1

  C⁷
I'll buy you a diamond ring my friend,

If it makes you feel alright.

   F⁷
I'll get you anything my friend,

   C⁷
If it makes you feel alright.

    G⁷   **F⁷**
'Cos I don't care too much for money,

                  C⁷
(For) money can't buy me love.

Verse 2

  C⁷
I'll give you all I've got to give,

If you say you love me too.

  F⁷
I may not have a lot to give,

     C⁷
But what I've got I'll give to you.

G⁷   **F⁷**
I don't care too much for money.

               C⁷
(For) money can't buy me love.

	Em **Am**
Chorus 1	Can't buy me love, ____
	C7
	Everybody tells me so.
	Em **Am**
	Can't buy me love, ____
	Dm **G13**
	No, no, no, no.

	C7
Verse 3	Say you don't need no diamond rings
	And I'll be satisfied.
	F7
	Tell me that you want the kind of things
	C7
	That money just can't buy.
	G7 **F7**
	I don't care too much for money.
	C7
	(For) money can't buy me love.

Solo

C7	C7	C7	C7
F7	F7	C7	C7
G7	F7	C7	C7

Chorus 2   As Chorus 1

Verse 4   As Verse 3

	Em **Am** **Em** **Am**
Outro	Can't buy me love, ____ love, ____
	Dm **G13**
	Can't buy me love ____
	C7
	Oh.

Carry That Weight

Words & Music by
John Lennon & Paul McCartney

Chorus 1

C   G
Boy, you're gonna carry that weight,

                   C
Carry that weight a long time.

C   G
Boy, you're gonna carry that weight,

                   C   G/B
Carry that weight a long time.

Link / Solo

| Am7 | Am7/D Dm7 | G7 | Csus4 C Cmaj7 |

| Fmaj7 | Bm7♭5 E7 | Am | ‖

Verse 1

Am7   Am7/D Dm7
  I never give you my pil - low,

G7   Csus4 C   Cmaj7
  I only send you my in - vi - tations,

Fmaj7   Bm7♭5 E7   Am7   G   C   G
  And in the middle of the cele - brations I break down.

Chorus 2

C   G
Boy, you're gonna carry that weight,

                   C
Carry that weight a long time.

C   G
Boy, you're gonna carry that weight,

                   C   G/B A
Carry that weight a long time.

| C G/B | A | ‖

Christmas Time (Is Here Again)

Words & Music by
John Lennon, Paul McCartney, George Harrison & Ringo Starr

| D | G7 | Em7 | A |

Spoken   Inter-planetary mix… page four hundred and forty four.

Verse 1

D
Christmas time is here again,

Christmas time is here again,

G7
Christmas time is here again,

D
Christmas time is here again,

Em7   **A**
Ain't been round since you know when,

D
Christmas time is here again,

                           A
O-U-T spells 'out'.

Verse 2   As Verse 1

Verse 3

D
Christmas time is here again,

Christmas time is here again,

G7
Christmas time is here again,

D
Christmas time is here again,

Em7   **A**
Ain't been round since you know when,

D
Christmas time is here again.   *Fade out*

Come Together

Words & Music by
John Lennon & Paul McCartney

Intro

$\| :$ Dm7 $\quad |$ Dm7 $\quad : \|$
(Shoot me.)　　　(Shoot me.)

Verse 1

Dm7
　Here come old flat top, he come grooving up slowly,

He got joo joo eyeball, he one holy roller,

　　　A
He got　hair down to his knees,

G7　N.C.
Got to be a joker, he just do what he please.

Link

| Dm7 | Dm7 | Dm7 | Dm7 ||

Verse 2

Dm7
　He wear no shoe shine, he got toe jam football,

He got monkey finger, he shoot Coca Cola,

　　　A
He say,　"I know you, you know me."

G7　N.C.
One thing I can tell you is you got to be free."

Chorus 1

　　　　Bm
Come together,

Bm/A　G　　A
Right　now,

N.C.
Over (me.)

Link

| Dm7 | Dm7 | Dm7 | Dm7 ||
　me.

Verse 3

Dm⁷
    He bag production, he got walrus gumboot,

He got Ono sideboard, he one spinal cracker,

      A
He got   feet down below his knee,

G⁷   **N.C.**
Hold you in his armchair, you can feel his disease.

Chorus 2

       Bm
Come together,

Bm/A **G**   **A**
Right   now,

N.C.
Over (me.)

Link

| Dm⁷ | Dm⁷ ‖ Dm⁷ | Dm⁷ | Dm⁷ | Dm⁷ |
me.   (Right!)   (Come.)

| A | A | A | A | Dm⁷ | Dm⁷ ‖
(Come.)

Verse 4

Dm⁷
    He roller coaster, he got early warning,

He got muddy water, he one mojo filter,

      A
He say,   "One and one and one is three."

G⁷ **N.C.**
Got to be good looking 'cause he's so hard to see.

Chorus 3

       Bm
Come together,

Bm/A **G**   **A**
Right   now,

N.C.
Over (me.)

Link

| Dm⁷ | Dm⁷ | Dm⁷ | Dm⁷ ‖ Dm⁷ | Dm⁷ |
me.   Oh!

Coda

   Dm⁷
‖: Come together, yeah! :‖ *Repeat to fade*

Cry Baby Cry

Words & Music by
John Lennon & Paul McCartney

Intro

  G   **Am** **F**   **G**
Cry baby cry, make your mother sigh,

    Em   **A7**   **F**
She's old enough to know better.

Verse 1

    Em   **Em(maj7)**
The King of Marigold

       Em7
Was in the kitchen

      Em6   **C7** **G**
Cooking breakfast for the Queen.

    Em   **Em(maj7)**
The Queen was in the parlour,

     Em7
Playing piano

     Em6   **C7**
For the children of the King.

Chorus 1

  G   **Am** **F**   **G**
Cry baby cry, make your mother sigh,

    Em   **A7**
She's old enough to know better.

   F   **G**
So cry baby cry.

© Copyright 1968 Northern Songs.
All Rights Reserved. International Copyright Secured.

Verse 2

Em   Em(maj7)
The King was in the garden,

      Em7   Em6
Picking flowers for a friend

          C7 G
Who came to play.

    Em   Em(maj7)
The Queen was in the playroom,

       Em7
Painting pictures

      Em6   C7
For the children's holiday.

Chorus 2

G   Am F   G
Cry baby cry,   make your mother sigh,

     Em   A7
She's old enough to know better.

  F   G
So cry baby cry.

Verse 3

    Em   Em(maj7)
The Duchess of Kirkaldy,

   Em7
Always smiling,

   Em6   C7 G
And arriving late for tea.

   Em   Em(maj7)
The Duke was having problems

     Em7
With a message

   Em6   C7
At the local Bird and Bee.

Chorus 3

G   Am F   G
Cry baby cry,   make your mother sigh,

     Em   A7
She's old enough to know better.

  F   G
So cry baby cry.

Verse 4

          Em   **Em(maj7)**
At twelve o'clock a meeting
          Em7
Round the table
          Em6   **C7** **G**
For a seance in the dark.
          Em   **Em(maj7)**
With voices out of nowhere,
          Em7
Put on specially
          Em6   **C7**
By the children, for a lark.

Chorus 4

G   **Am** **F**   **G**
Cry baby cry,   make your mother sigh,
        Em   **A7**
She's old enough to know better.
  F   **G**
So cry baby cry.

Coda

        Am   **F**   **G**
Cry, cry, cry baby, make your mother sigh,
        Em   **A7**
She's old enough to know better,
  F   **G**
So cry baby cry.

        Am **F**   **G**
Cry, cry, cry, make your mother sigh,
        Em   **A7**
She's old enough to know better,
  F   **Em**
So cry baby cry.

Fm7
Can you take me back where I came from

Can you take me back?

Can you take me back where I came from

Brother can you take me back _____

Can you take me back?   *Fade out*

Dear Prudence

Words & Music by
John Lennon & Paul McCartney

Tune bottom string down to D

Intro
| D6 Dsus2/4 | D* C/D* | G/D* A/D | C/D ‖

Fade In
| D D/C | Gmaj7/B Gm/B♭ ‖

Verse 1

D   D/C Gmaj7/B Gm/B♭
Dear Prudence,

      D D/C Gmaj7/B Gm/B♭
Won't you come out to play?

D   D/C Gmaj7/B Gm/B♭
Dear Prudence,

      D D/C Gmaj7/B Gm/B♭
Greet the brand new day. _____

D   D/C
The sun is up, the sky is blue,

Gmaj7/B   Gm/B♭
It's beautiful and so are you,

D   D/C
Dear Prudence,

C   G
Won't you come out to play.

Link 1
| D D/C | Gmaj7/B Gm/B♭ ‖
(play.)

Verse 2

       D   **D/C Gmaj7/B Gm/B♭**
Dear Prudence,

            D D/C Gmaj7/B Gm/B♭
Open up your eyes.

       D   **D/C Gmaj7/B Gm/B♭**
Dear Prudence,

           D D/C Gmaj7/B Gm/B♭
See the sunny skies. _____

       D   **D/C**
The wind is low, the birds will sing,

   Gmaj7/B   **Gm/B♭**
That you are part of everything,

       D   **D/C**
Dear Prudence,

 C   **G**
Won't you open up your (eyes?)

Link 2 | **D G/D** | **A/D G/D** ||
                  (eyes?)

              D   **G/D**
Bridge   Look around round, (round round round

A/D   **G/D**
Round round round, round round.)

           D   **G/D**
Look around, round round (round round

A/D   **G/D**
Round round round, round round,)

         F   **A♭** **G**
Look around, ah _____

Link 3 | **D D/C** | **Gmaj7/B Gm/B♭** ||

            D   **D/C Gmaj7/B Gm/B♭**
Verse 3   Dear Prudence,

              D D/C Gmaj7/B Gm/B♭
Let me see you smile.

       D   **D/C Gmaj7/B Gm/B♭**
Dear Prudence,

           D D/C Gmaj7/B Gm/B♭
Like a little child. _____

cont.

      D   **D/C**
The clouds will be a daisy chain

      Gmaj⁷/B   **Gm/B♭**
So let me see you smile again,

       D   **D/C**
Dear   Prudence,

  C   **G**
Won't you let me see you smile?

Link 4 | **D** **D/C** | **Gmaj⁷/B** **Gm/B♭** ‖
      (smile?)

Verse 4

      D   **D/C** **Gmaj⁷/B** **Gm/B♭**
Dear   Prudence,

               D **D/C** **Gmaj⁷/B** **Gm/B♭**
Won't you come out to play?

      D   **D/C** **Gmaj⁷/B** **Gm/B♭**
Dear   Prudence,

              D **D/C** **Gmaj⁷/B** **Gm/B♭**
Greet the brand new day. _____

      D   **D/C**
The sun is up, the sky is blue,

      Gmaj⁷/B   **Gm/B♭**
It's beautiful and so are you,

      D   **D/C**
Dear Prudence,

  C   **G**   **D**
Won't you come out to play.

Coda | **D⁶** **Dsus²/⁴** | **D*** **C/D*** | **G/D*** **A/D** |**C/D** | **D** ‖
                                       Fade out

Day Tripper

Words & Music by
John Lennon & Paul McCartney

Chord diagrams: E7 A7 F#7 A7* (fr5) G#7 (fr4) C#7 B7

Intro | (E7) | (E7) ‖: E7 | E7 | E7 | E7 :‖

Verse 1

E7
Got a good reason

For taking the easy way out.

A7
Got a good reason

   E7
For taking the easy way out, now.

     F#7
She was a day tripper,

One way ticket, yeah.

     A7* G#7   C#7
It took me so   long to find out,

      B7
And I found out.

Link | (E7) | (E7) | E7 | E7 ‖

Verse 2

E7
She's a big teaser,

She took me half the way there,

A7
She's a big teaser,

E7
She took me half the way there, now.

© Copyright 1965 Northern Songs.
All Rights Reserved. International Copyright Secured.

58

                    F♯7
She was a day tripper,

One way ticket, yeah.
          A7* G♯7   **C♯7**
It took me so   long to find out,
            B7
And I found out.

Solo

| ‖: B7 | | B7 | | B7 | | B7 | :‖ *Play three times* |

| (E7) | | (E7) | | E7 | | E7 | ‖ |

     E7
Verse 3   Tried to please her,

She only played one night stands,
A7
Tried to please her,
E7
She only played one night stands, now.
         F♯7
She was a day tripper,

Sunday driver, yeah.
        A7* G♯7   **C♯7**
It took me so   long to find out,
       B7
And I found out.

Link 2

‖: (E7) | (E7) | E7 | E7   :‖

     E7
Coda   ‖: Day tripper, day tripper, yeah.

Day tripper, day tripper, yeah. :‖ *Repeat to fade*

Dig A Pony

Words & Music by
John Lennon & Paul McCartney

Intro

‖: (G) | (D) | (A) | (A) :‖

Verse 1

A D6/A A D6/A A D6/A A
I _____

  F♯m
Dig a pony,

    Bm   G7
Well, you can celebrate anything you want,

   Bm   G7   E
Yes, you can celebrate anything you want, oh!

Verse 2

A D6/A A D6/A A D6/A A
I _____

   F♯m
Do a road hog,

    Bm   G7
Well, you can penetrate any place you go,

   Bm   G7   E
Yes, you can penetrate any place you go, I told you so.

Chorus 1

G D A
All I want is you,

G   D   A
Everything has got to be just like you want it to.

N.C.
Because…

Verse 3

A D6/A A D6/A A D6/A A
I _____

   F♯m
Pick a moondog,

    Bm   G7
Well, you can radiate everything you are,

   Bm   G7   E
Yes, you can radiate everything you are, oh now.

Verse 4

A D6/A A D6/A A D6/A A
I _____

   F#m
Roll a stoney,

    Bm   G7
Well, you can imitate everyone you know,

  Bm   G7   E
Yes, you can imitate everyone you know, I told you so.

Chorus 2 As Chorus 1

Solo

A D6/A	A D6/A	A D6/A	A D6/A
F#m	F#m	Bm	G7	
G7	Bm	G7	E	E	

Verse 5

A D6/A A D6/A A D6/A A
I _____

   F#m
Feel the wind blow.

    Bm   G7
Well, you can indicate everything you see,

  Bm   G7   E
Yes, you can indicate anything you see, oh now

Verse 6

A D6/A A D6/A A D6/A A
I _____

   F#m
Cold and lonely

    Bm   G7
Well, you can syndicate any boat you row.

  Bm   G7   E
Yeah, you can syndicate any boat you row, I told you so.

Chorus 3 As Chorus 1

Coda ‖: G | D | A | A :‖ A ‖

Dig It

Words & Music by
John Lennon, Paul McCartney, George Harrison & Ringo Starr

Verse

         B♭ **F**   **B♭** **C**
…Like a rolling stone,

         B♭   **F**   **B♭** **C**
Like a rolling stone,

        B♭ **F** **B♭** **C**
Like the F. B. I.

        B♭ **F** **B♭** **C**
And the C. I. A.

        B♭ **F** **B♭** **C**
And the B. B. C.

B♭   **F** **B♭** **C**
B. B. King,

         B♭ **F** **B♭** **C**
And Doris Day,

    B♭
Matt Busby.

Coda

F   **B♭**
Dig it, dig it,

C   **B♭**
Dig it, dig it,

F   **B♭**
Dig it, dig it,

C   **B♭**
Dig it, dig it…   *Fade out*

Golden Slumbers

Words & Music by
John Lennon & Paul McCartney

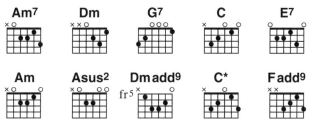

Intro | **Am7**   ‖

Verse 1

Am7   **Dm**
Once there was a way to get back homeward,
G7   **C**
Once there was a way to get back home.
E7   **Am   Asus2   Dmadd9**
Sleep pretty darling, do not cry,
G7   **C**
    And I will sing a lullaby. __

Chorus

C*   **Fadd9**   **C***
Golden slumbers fill your eyes,
              Fadd9   **C***
Smiles awake you when you rise.
E7   **Am   Asus2   Dmadd9**
Sleep pretty darling, do not cry,
G7   **C**
    And I will sing a lullaby. __

Verse 2

Am7   **Dm**
Once there was a way to get back homeward,
G7   **C**
Once there was a way to get back home.
E7   **Am   Asus2   Dmadd9**
Sleep pretty darling, do not cry,
G7   **C**
    And I will sing a lullaby. __

Do You Want To Know A Secret?

Words & Music by
John Lennon & Paul McCartney

Intro

Em   Am   Em
You'll never know how much I really love you,

G   F   B7
You'll never know how much I really care.

Verse 1

E   G♯m7 Gm7 F♯m7
Listen,

          B7   E   G♯m7 Gm7 F♯m7
Do you want to know a secret?

          B7   E
Do you promise not to tell?

G♯m7 Gm7   F♯m7 Am7
   Woh - oh - oh.

E   G♯m7 Gm7 F♯m7
Closer,

          B7   E   G♯m7 Gm7 F♯m7
Let me whisper in your ear,

          B7   A
Say the words you long to hear,

B7   C♯m/G♯   F♯m7 B7
  I'm in love with you, woo - oo - oo - ooh.

Verse 2

E   G♯m7 Gm7 F♯m7
Listen,

          B7   E   G♯m7 Gm7 F♯m7
Do you want to know a secret?

          B7   E
Do you promise not to tell?

G♯m7 Gm7   F♯m7 Am7
    Woh - oh - oh.

E   G♯m7 Gm7 F♯m7
Closer,

          B7   E   G♯m7 Gm7 F♯m7
Let me whisper in your ear,

         B7   A
Say the words you long to hear,

B7   C♯m/G♯   F♯m7 B7
  I'm in love with you, woo - oo - oo - ooh.

Bridge

A   F♯m   C♯m   Bm
I've known a secret for a week or two,

A   F♯m
Nobody knows,

C♯m   Bm   F♯m B7
Just we two. ____

Verse 3

E   G♯m7 Gm7 F♯m7
Listen,

          B7   E   G♯m7 Gm7 F♯m7
Do you want to know a secret?

          B7   E
Do you promise not to tell?

G♯m7 Gm7   F♯m7 Am7
    Woh - oh - oh.

E   G♯m7 Gm7 F♯m7
Closer,

          B7   E   G♯m7 Gm7 F♯m7
Let me whisper in your ear,

         B7   A
Say the words you long to hear,

B7   C♯m/G♯   F♯m7 B7
  I'm in love with you, woo - oo - oo - ooh.

‖: C♯m/G♯   F♯m7 B7
   Woo - oo - oo - ooh. :‖ *Repeat to fade*

Doctor Robert

Words & Music by
John Lennon & Paul McCartney

Intro

| A7 Asus4 | A7 Asus4 | A7 Asus4 | A7 Asus4 ||

Verse 1

A7
Ring my friend, I said you'd call, Doctor Robert.

Day or night, he'll be there any time at all, Doctor Robert.

F#7
Doctor Robert, you're a new and better man,

He helps you to understand,

E7   F#7   B
He does everything he can, Doctor Robert.

Verse 2

A7
If you're down, he'll pick you up, Doctor Robert.

Take a drink from his special cup, Doctor Robert.

F#7
Doctor Robert, he's a man you must believe,

Helping anyone in need,

E7   F#7   B
No-one can succeed like Doctor Robert.

Bridge 1

B   E/B   B
Well, well, well, you're feeling fine,

E/B
Well, well, well, he'll make you,

A7
Doctor Robert.

Verse 3

A⁷
My friend works for the National Health, Doctor Robert.

You'll pay money just to see yourself with Doctor Robert.

F♯7
Doctor Robert, you're a new and better man,

He helps you to understand,

E⁷   F♯7   B
He does everything he can, Doc Robert.

Bridge 2

B   E/B   B
Well, well, well, you're feeling fine,

                       E/B
Well, well, well, he'll make you,

A⁷
Doctor Robert.

Coda

A⁷
Ring my friend, I said you'd call

Doctor Robert.

Ring my friend, I said you'd call

Doc Robert.

F♯7   B
Doctor Robert! *Fade out*

Don't Bother Me

Words & Music by
George Harrison

Intro | D | D | Em |

Verse 1
(Em)   B7   A7   G   Em
    Since she's been gone, I want no-one to talk to me.
        B7   A7   G
It's not the same, but I'm to blame, it's plain to see.
     Em*   A   Em*
So go away, leave me alone, don't bother me.

Verse 2
      B7   A7   G   Em
I can't believe that she would leave me on my own.
      B7   A7   G
It's just not right when every night I'm all alone.
      Em*   A   Em*
I've got no time for you right now, don't bother me.

Bridge 1
     D   Em
I know I'll never be the same
     D   Em
If I don't get her back again,
     Bm   Am
Because I know she'll always be
    C   Em
The only girl for me.

Verse 3

               B7   **A7**   **G**   **Em**
But till she's here, please don't come near, just stay away.

           B7   **A7**   **G**
I'll let you know when she's come home, until that day,

          Em*   **A**   **Em***
Don't come around, leave me alone, don't bother me.

Solo
  | **B7** | **A7** | **G** | **Em** |

  | **B7** | **A7** | **G** | **G** ||

  N.C.   **Em***   **A**   **Em***
I've got no time for you right now, don't bother me.

Bridge 2

         D   **Em**
I know I'll never be the same

        D   **Em**
If I don't get her back again,

        Bm   **Am**
Because I know she'll always be

      C   **Em**
The only girl for me.

Verse 4

  N.C.   **B7**   **A7**   **G**   **Em**
But till she's here, please don't come near, just stay away.

         B7   **A7**   **G**
I'll let you know when she's come home, until that day,

         Em*   **A**   **Em***
Don't come around, leave me alone, don't bother me.

  ||: **A**   **Em***
Don't bother me. :|| *Repeat to fade*

Don't Let Me Down

Words & Music by
John Lennon & Paul McCartney

E   Esus4   F♯m   F♯m7   Emaj7   B7

Intro | E Esus4 | E   ‖

Chorus 1
           F♯m
Don't let me down,
           E   Esus4 E
Don't let me down,
           F♯m
Don't let me down,
           E   Esus4 E
Don't let me down.

Verse 1
N.C.   F♯m7
Nobody ever loved me like she does,
                 Emaj7 Esus4 E
Ooh she does, yes she does,
N.C.   F♯m7
And if somebody loved me like she do me,
               Emaj7 Esus4 E
Ooh she do me, yes she does.

Chorus 2
           F♯m
Don't let me down,
           E   Esus4 E
Don't let me down,
           F♯m
Don't let me down,
           E   Esus4 E
Don't let me down.

Bridge 1

    N.C.   E

I'm in love for the first time,

                                  B7

Don't you know it's going to last.

It's a love that lasts forever,

                     E   **Esus4** **E**

It's a love that has no   past.

Chorus 3

                F♯m

Don't let me down,

               E   **Esus4** **E**

Don't let me down,

                F♯m

Don't let me down,

               E   **Esus4** **E**

Don't let me down.

Verse 2

    N.C.   **F♯m7**

And from the first time that she really done me,

                           Emaj7 **Esus4** **E**

Ooh, she done me, she done me good.

    N.C.   **F♯m7**

I guess nobody ever really done me,

                           Emaj7 **Esus4** **E**

Ooh she done me, she done me good.

Chorus 4

                F♯m

Don't let me down, hey!

               E   **Esus4** **E**

Don't let me down,

                F♯m

Don't let me down,

               E   **Esus4** **E**

Don't let me down.

F♯m   **E**   **Esus4** **E**

  Don't let me down,

                F♯m

Don't let me down.

Can you dig it?

               E   **Esus4** **E**

Don't let me down.

Don't Pass Me By

Words & Music by
Ringo Starr

Intro | C | C ||

Verse 1

    C
I listen for your footsteps coming up the drive,

    F
Listen for your footsteps, but they don't arrive.

    G
Waiting for your knock, dear, on my old front door,

        F
I don't hear it,

                                  C
Does it mean you don't love me anymore?

Verse 2

    C
I hear the clock a-ticking on the mantel shelf,

    F
See the hands a-moving, but I'm by myself.

      G
I wonder where you are tonight and why I'm by myself,

       F
I don't see you,

                                  C
Does it mean you don't love me anymore?

Chorus 1

        C
Don't pass me by, don't make me cry,

Don't make me blue,

            F
'Cause you know, darling, I love only you.

       C
You'll never know it hurt me so, I hate to see you go,

           G   F
Don't pass me by, don't make me cry. _____

Link ‖ C   ‖ C   ‖

Verse 3
      C
I'm sorry that I doubted you, I was so unfair,
      F
You were in a car crash and you lost your hair.
       G
You said that you would be late, about an hour or two,
        F
I say that's alright,
                  C
I'm waiting here, just waiting to hear from you.

Chorus 2
        C
Don't pass me by, don't make me cry,

Don't make me blue,
        F
'Cause you know, darling, I love only you.
       C
You'll never know it hurt me so, I hate to see you go,
       G   F
Don't pass me by, don't make me cry. _____

Link ‖ C   ‖ C   ‖ **Drums for 2 bars** ‖ C   ‖ C   ‖

Chorus 3
        C
Don't pass me by, don't make me cry,

Don't make me blue,
        F
'Cause you know, darling, I love only you.
       C
You'll never know it hurt me so, I hate to see you go,
       G   F
Don't pass me by, don't make me cry. _____

Coda ‖ C   ‖ C   ‖ F   ‖ G   ‖ Dm7   C ‖ **Violin to fade** ‖

Drive My Car

Words & Music by
John Lennon & Paul McCartney

Intro | (D7) | (D7) ||

Verse 1

D7   G7
   Asked a girl what she wanted to be,

D7   G7
   She said, baby, can't you see?

D7   G7
   I wanna be famous, a star of the screen,

   A7aug
But you can do something in between.

Chorus 1

Bm   G7 Bm   G7
Baby, you can drive my car, yes I'm gonna be a star,

Bm   E   A   D   G A
Baby, you can drive my car, and maybe I'll love you.

Verse 2

D7   G7
   I told that girl that my prospects were good,

D7   G7
   She said, baby, it's understood.

D7   G7
   Working for peanuts is all very fine,

   A7aug
But I can show you a better time.

Chorus 2

Bm   G7 Bm   G7
Baby, you can drive my car, yes I'm gonna be a star,

Bm   E   A   D   G
Baby, you can drive my car, and maybe I'll love you.

A N.C.
   Beep beep mm beep beep, yeah!

Solo | D⁷ | G⁷ | D⁷ | G⁷ |

| D⁷ | G⁷ | A | A ‖

Chorus 3
Bm   G⁷ Bm   G⁷
Baby, you can drive my car, yes I'm gonna be a star,
Bm   E   A   D   G   A
Baby, you can drive my car, and maybe I'll love you.

Verse 3
D⁷   G⁷
   I told that girl I could start right away,
D⁷   G⁷
   And she said, listen, babe, I've got something to say,
D⁷   G⁷
   I've got no car, and it's breaking my heart,
   A⁷aug
But I've found a driver, and that's a start.

Chorus 4
Bm   G⁷ Bm   G⁷
Baby, you can drive my car, yes I'm gonna be a star,
Bm   E   A   D   G
Baby, you can drive my car, and maybe I'll love you.
A N.C.   D   G
   Beep beep mm beep beep, yeah!
‖: A   D   G   :‖ *Repeat to fade*
   Beep beep mm beep beep, yeah!

Eight Days A Week

Words & Music by
John Lennon & Paul McCartney

Intro | **Dadd⁹** | **E*** | **G⁶** | **Dadd⁹** ||

Verse 1

D · · · · · · · · · E⁷
Ooh, I need your love, babe,

G · · · · · · · · · · D
Guess you know it's true.

D · · · · · · · · · · E⁷
Hope you need my love, babe,

G · · · · · · · · D
Just like I need you.

Chorus 1

Bm · · · · · G
Hold me, love me,

Bm · · · · · · E
Hold me, love me.

· · D · · · · · · · · · · · · E⁷
I ain't got nothing but love, babe,

G · · · · · · · · · · D
· Eight days a week.

Verse 2

D · · · · · · · · · · E⁷
Love you every day, girl,

· · · · · · · · G · · · · · · · · D
You're always on my mind.

D · · · · · · · · · · E⁷
One thing I can say, girl,

G · · · · · · · · · · D
Love you all the time.

Chorus 2

Bm   G
Hold me, love me,

Bm   E
Hold me, love me.

   D   E7
I ain't got nothing but love, girl,

G   D
  Eight days a week.

Middle 1

 A
Eight days a week,

  Bm
I love ___ you.

E
Eight days a week

   G   A
Is not enough to show I care.

Verse 3   As Verse 1

Chorus 3   As Chorus 1

Middle 2   As Middle 1

Verse 4   As Verse 2

Chorus 4

Bm   G
Hold me, love me,

Bm   E
Hold me, love me,

   D   E7
I ain't got nothing but love, girl,

G   D
  Eight days a week.

G   D
  Eight days a week.

G   D
  Eight days a week.

Outro | Dadd9 | E* | G6 | Dadd9 ||

Eleanor Rigby

Words & Music by
John Lennon & Paul McCartney

| C | Em | Em7* | Em7 | Em6 | Emaug |

Intro

C   Em
Ah, look at all the lonely people!
C   Em
Ah, look at all the lonely people!

Verse 1

Em
Eleanor Rigby,

                                        C
Picks up the rice in the church where a wedding has been,
              Em
Lives in a dream. _____

Waits at the window,

                          Em7*   C
Wearing a face that she keeps in a jar by the door,
          Em
Who is it for?

Chorus 1

Em7   Em6   Emaug   Em
All the lonely people, where do they all come from?
Em7   Em6   Emaug   Em
All the lonely people, where do they all belong?

Verse 2

Em
Father McKenzie,

                                   C
Writing the words of a sermon that no-one will hear,
              Em
No-one comes near.

Look at him working,

                                        C
Darning his socks in the night when there's nobody there,
              Em
What does he care?

Chorus 2

Em⁷   Em⁶   Emaug   Em
All the lonely people, where do they all come from?

Em⁷   Em⁶   Emaug   Em
All the lonely people, where do they all belong?

Bridge

C   Em
Ah, look at all the lonely people!

C   Em
Ah, look at all the lonely people!

Verse 3

Em
Eleanor Rigby

      C
Died in the church and was buried along with her name,

Em
Nobody came.

Father McKenzie,

      C
Wiping the dirt from his hands as he walks from the grave,

Em
No-one was saved.

Chorus 3

Em⁷   Em⁶   Emaug   Em
All the lonely people, where do they all come from?

Em⁷   Em⁶   Emaug   Em
All the lonely people, where do they all belong?

Every Little Thing

Words & Music by
John Lennon & Paul McCartney

Intro | (A) | (D) (E) ||

Verse 1

A   D   E
    When I'm walking beside her,

A   G   D
    People tell me I'm luck-y,

Bm   Bm/A   E/G♯   A
   Yes, I know I'm a lucky guy.

            D   E
I remember the first time

A   G   D
   I was lonely without her,

Bm   Bm/A   E/G♯   A
   Yes, I'm thinking about her now.

Chorus

A   G
   Every little thing she does,

         G/A   A*   G/A   A*
She does for me,   yeah, ____

          G
And you know the things she does,

         G/A   A*   G/A   A*
She does for me,   ooh. ____

Verse 2

```
        A                    D      E
    When I'm with her I'm hap-py,
        A                G      D
    Just to know that she loves me,
    Bm     Bm/A        E/G♯      A
    Yes I know that she loves me now.
                             D     E
    There is one thing I'm sure of,
    A                G  D
    I will love her forev-er,
    Bm     Bm/A         E/G♯  A
    For I know love will never die.
```

Chorus 2

```
        A             G
    Every little thing she does,
                 G/A  A* G/A   A*
    She does for me,      yeah, ____
                     G
    And you know the things she does,
                 G/A  A* G/A   A*
    She does for me,      ooh. ____
```

Solo

```
| A      | D   E  | A      | G   D  | Bm   Bm/A | E/G♯   A   ||
```

Chorus 3

```
        A             G
    Every little thing she does,
                 G/A  A* G/A   A*
    She does for me,      yeah, ____
                     G
    And you know the things she does,
                 G/A  A* G/A   A*
    She does for me,      ooh. ____
```

Coda

```
      A D  E
   ‖: Every little thing. :‖  Repeat to fade
```

Everybody's Got Something To Hide Except Me And My Monkey

Words & Music by
John Lennon & Paul McCartney

Intro ‖: E Esus4 A │ E Esus4 A :‖

Verse 1

E
Come on, come on,

Come on, come on.

Come on is such a joy,

Come on is such a joy.

Come on is take it easy,

Come on is take it easy.

Chorus 1

    A
Take it easy,

    D
Take it easy.

      B7
Everybody's got something to hide

           E   **D G** │ **E G** │ **D** ‖
Except for me and my monkey.

Verse 2

   E
The deeper you go, the higher you fly,

The higher you fly, the deeper you go,

So come on, come on.

cont.

     E
Come on is such a joy,

Come on is such a joy.

Come on is make it easy,

Come on is take it easy.

Chorus 2   As Chorus 1

Verse 3

        E
Your inside is out when your outside is in,

Your outside is in when your inside is out,

So come on, come on.

Come on is such a joy,

Come on is such a joy.

Come on is make it easy,

Come on is make it easy.

Chorus 3

        A
Make it easy,

        D
Make it easy.

    B7
Everybody's got something to hide

              E   D G | E G | D   ‖
Except for me and my monkey.

Coda

N.C.
(Come on, come on, come on)   *ad lib.*

| C♯ D* C♯ D* | C♯ D* C♯ D* | C♯ D* C♯ D*‖

‖: E Esus4 A | E Esus4 A :‖   *Repeat ad lib. to fade*
(Come on, come on, come on)

83

Fixing A Hole

Words & Music by
John Lennon & Paul McCartney

Intro | F | Caug | Fm⁷ | B♭9 ||

Verse 1
     F   Caug   Fm⁷   Fm⁶
I'm fixing a hole where the rain gets in,
    Fm⁷   B♭9
And stops my mind from wandering
     Fm⁷   B♭9   Fm⁷* B♭7
Where it will go. _____

Verse 2
     F   Caug   Fm⁷   Fm⁶
I'm filling the cracks that ran through the door,
    Fm⁷   B♭9
And kept my mind from wandering
     Fm⁷   B♭9   Fm⁷* B♭7
Where it will go. _____

Bridge 1
     F   Gm/C   F
And it really doesn't matter if I'm wrong,
    Gm/C   F
I'm right   where I belong,
    Gm/C   F
I'm right   where I belong. __
C   G⁷
See the people standing there
    C   G⁷
Who disagree and never win,
    C   G⁷   C
And wonder why they don't get in my door.

Verse 3

         F   **Caug**   **Fm7**   **Fm6**
I'm painting the room in a colourful way,

      Fm7   **B♭9**
And when my mind is wandering,

        Fm7   **B♭9**
There I will go, ____

Fm7*   **B♭7**
Ooh-ooh uh-uh, __ hey hey (hey.) __

Solo

| **F Caug** | **Fm7 Fm6** | **Fm7** | | **B♭9** | |
hey.

| **Fm7** | **B♭9** | | **Fm7** | **B♭9** | ‖

Bridge 2

        F   **Gm/C**   **F**
And it really doesn't matter if I'm wrong,

        Gm/C   **F**
I'm right   where I belong,

        Gm/C   **F**
I'm right   where I belong. __

C   **G7**
Silly people run around,

      C   **G7**
They worry me and never ask me

C   **G7**   **C**
Why they don't get past my door.

Verse 4

        F   **Caug**   **Fm7**   **Fm6**
I'm taking the time for a number of things

      Fm7   **B♭9**
That weren't important yesterday,

        Fm7   **B♭9**   **Fm7*** **B♭7**
And I still go, _____

Verse 5

        F   **Caug**   **Fm7**   **Fm6**
‖: I'm fixing a hole where the rain gets in,

      Fm7   **B♭9**
And stops my mind from wandering

        Fm7   **B♭9**
Where it will go. ____

        Fm7*   **B♭7**
Where it will go. ____ :‖ *Repeat and fade*

For No One

Words & Music by
John Lennon & Paul McCartney

Capo second fret

Verse 1

      A   **A/G♯**
    Your day breaks,   your mind aches,
F♯m   **F♯m/E**
   You find that all her words
        D   **G**
Of kindness linger on
           A
When she no longer needs you.

Verse 2

      A   **A/G♯**
    She wakes up,   she makes up,
F♯m   **F♯m/E**
   She takes her time
          D   **G**
And doesn't feel she has to hurry,
          A
She no longer needs you.

Chorus 1

        Bm   **F♯7**
And in her eyes you see nothing,
Bm   **F♯7**
  No sign of love behind the tears cried for no-one,
Bm   **Esus4** **E**
  A love that should have lasted years.

Verse 3

A   A/G#
You want her,   you need her,

F#m   F#m/E
And yet, you don't believe her

D   G
When she says her love is dead,

      A
You think she needs you.

Solo

| A A/G# | F#m F#m/E | D   G | A   ‖

Chorus 2

              Bm   F#7
And in her eyes you see nothing,

Bm   F#7
No sign of love behind the tears cried for no-one,

Bm   Esus4 E
A love that should have lasted years.

Verse 4

A   A/G#
You stay home,   she goes out,

F#m   F#m/E   D
She says that long ago she knew someone,

      G
But now she's gone,

      A
She doesn't need him.

Verse 5

A   A/G#
Your day breaks,   your mind aches,

F#m   F#m/E   D
There will be times when all the things she said

       G
Will fill your head,

A
You won't forget her.

Chorus 3

              Bm   F#7
And in her eyes you see nothing,

Bm   F#7
No sign of love behind the tears cried for no-one,

Bm   Esus4 E
A love that should have lasted years.

For You Blue

Words & Music by
George Harrison

Capo fifth fret

Intro | A7 | D7 | B7 | E7 | E7 ||

Verse 1
     A7   **D7**
Because you're sweet and lovely,
        A7
Girl, I love you.
    D7   **A7**
Because you're sweet and lovely, girl, it's true.
    E7   **D7**   **A7** **E7**
I love you more than ever, girl, I do.

Verse 2
     A7   **D7**
I want you in the morning,
        A7
Girl, I love you.
    D7   **A7**
I want you at the moment I feel blue,
    E7   **D7**   **A7** **E7**
I'm living every moment, girl, for you.

Solo break | A7 | D7 | A7 | A7 | D7 | D7 |
                                    (Bop)   (Bop cat bop)

| A7 | A7 | E7 | D7 | A7 | E7 ||
(Go Johnny go)   (Same old 12 bar blues)

| A7 | D7 | A7 | A7 |

| D7 | D7 | A7 | A7 |
                        (Elmore James got nothing on this baby)

| E7 | D7 | A7 | E7 ||

Verse 3

     A7   **D7**   **A7**
I've loved you from the moment I saw you,

     D7   **A7**
You looked at me, that's all you had to do.

   E7   **D7**   **A7**   **E7**
I feel it now, I hope you feel it too.

Verse 4

     A7   **D7**
Because you're sweet and lovely,

       A7
Girl, I love you.

   D7   **A7**
Because you're sweet and lovely, girl, it's true.

   E7   **D7**   **A7**
I love you more than ever, girl, I do.

From Me To You

Words & Music by
John Lennon & Paul McCartney

Intro

      C   **Am**
Da da da da-da dum dum da,

      C   **Am**
Da da da da-da dum dum da.

Verse 1

          C   **Am**
If there's anything that you want,

         C   **G7**
If there's anything I can do,

      F   **Am**
Just call on me and I'll send it along,

      C   **G7** **C** **Am**
With love from me to you.

Verse 2

         C   **Am**
I've got everything that you want,

      C   **G7**
Like a heart that's oh so true,

      F   **Am**
Just call on me and I'll send it along,

      C   **G7** **C** **C7**
With love from me to you.

Bridge 1

     Gm   **C**
I got arms that long to hold you,

     F
And keep you by my side,

     D7
I got lips that long to kiss you,

     G   **Gaug**
And keep you satisfied.

Verse 3

             C   **Am**
If there's anything that you want,

           C   **G7**
If there's anything I can do,

  F   **Am**
Just call on me and I'll send it along,

     C   **G7** **C**   **Am**
With love from me to you.

Solo

| **C** | **Am**   From me.

| **C** | **G7**   To you.

  F   **Am**
Just call on me and I'll send it along,

     C   **G7** **C**   **C7**
With love from me to you.

Bridge 2

    Gm   **C**
I got arms that long to hold you,

    F
And keep you by my side,

    D7
I got lips that long to kiss you,

   G   **Gaug**
And keep you satisfied.

Verse 4

          C   **Am**
If there's anything that you want,

         C   **G7**
If there's anything I can do,

  F   **Am**
Just call on me and I'll send it along,

    C   **G7**   **C**
With love from me to you.

  Am
To you,

  Am(maj7)
To you,

  C   **Am**
To you.

Get Back

Words & Music by
John Lennon & Paul McCartney

Intro | A5 | A5 | A5 | A5 G D/A ‖

Verse 1

A5
Jojo was a man who thought he was a loner
D   A5
But he knew it couldn't last.

Jojo left his home in Tucson, Arizona
D   A5
For some California grass.

Chorus 1

A7
Get back, get back,
D7   A5   G D/A
Get back to where you once belonged.
A7
Get back, get back,
D7   A5
Get back to where you once belonged.

Get back Jojo.

Solo   ‖: (A5) | A5 | D | A5 G D/A :‖

Chorus 2

A7
Get back, get back,
D7   A5   G D/A
Get back to where you once belonged.
A7
Get back, get back,
A5   D
Get back to where you once belonged.
A5
Get back Jo.

Solo ‖: (A5) | A5 | D | A5 G D/A :‖

Verse 2

A5
Sweet Loretta Martin thought she was a woman
D   A5
But she was another man.

All the girls around her say she's got it coming
D   A5
But she gets it while she can.

Chorus 3

A7
Get back, get back,
D7   A5   G D/A
Get back to where you once belonged.
A7
Get back, get back,
D7   A5
Get back to where you once belonged.

Get back Loretta.

Solo ‖: A5 | A5 | D | A5 G D/A :‖

Chorus 4

A7
Get back, get back,
D7   A5   G D/A
Get back to where you once belonged.
A7
Get back, get back,
D7   D
Get back to where you once belonged.   Ooh.

‖: A5 | A5 | D | A5 G D/A :‖ *Repeat to fade*
Get back.

Getting Better

Words & Music by
John Lennon & Paul McCartney

Intro
| Fadd9 | Fadd9 ||

C   Dm7
It's getting better all the time.

Verse 1
G   C/G
I used to get mad at my school,
G   C/G
The teachers that taught me weren't cool.
G
You're holding me down, turning me round,
C/G
Filling me up with your rules.

Chorus 1
C   Dm
I've got to admit, it's getting better,
Em   F
A little better all the time.
C   Dm
I have to admit, it's getting better,
Em   F
It's getting better since you've been mine.

Link 1
| G | G C/G ||

Verse 2
G   C/G   G   C/G
Me used to be angry young man,
G   C/G   G   C/G
Me hiding me head in the sand.
G   C/G
You gave me the word,
G   C/G
I finally heard
G   C/G   G   C/G
I'm doing the best that I can.

Chorus 2

    C   Dm
I've got to admit, it's getting better,

          Em   F
A little better all the time.

    C   Dm
I have to admit, it's getting better,

           Em   F
It's getting better since you've been mine.

    F
Getting so much better all the time.

Chorus 3

    C   Dm
‖:   It's getting better all the time,

    Em   F
Better, better, better. :‖

Link 2

| G | G   ‖

Verse 3

   (G)
I used to be cruel to my woman,

I beat her and kept her apart

From the things that she loved.

G C/G G   C/G   G   C/G
         Man, I was mean, but I'm changing my scene,

       G   C/G   G   C/G
And I'm doing the best that I can.

Chorus 4

    C   Dm
   I admit, it's getting better,

          Em   F
A little better all the time.

    C   Dm
Yes, I admit, it's getting better,

           Em   F
It's getting better since you've been mine.

    F   C
Getting so much better all the time.

Coda

    C   Dm
‖:   It's getting better all the time,

    Em   F
Better, better, better. :‖

    F   C
Getting so much better all the time.

Girl

Words & Music by
John Lennon & Paul McCartney

Capo eighth fret

Verse 1

     Em   **B7**   **Em** **Em7**
Is there anybody going to listen to my story,
Am   **G** **B7**
All about the girl who came to stay?
     Em   **B7**   **Em**   **Em7**
She's the kind of girl you want so much it makes you sorry,
Am   **Em**
Still, you don't regret a single day.

Chorus 1

    G **Bm Am** **D7**
Ah, girl _____
G **Bm** **Am** **D7**
Girl, girl.

Verse 2

     Em   **B7**   **Em**   **Em7**
When I think of all the times I've tried so hard to leave her,
Am   **G** **B7**
She will turn to me and start to cry.
      Em   **B7**   **Em Em7**
And she promises the earth to me and I be-lieve her,
Am   **Em**
After all this time, I don't know why.

Chorus 2

    G **Bm Am** **D7**
Ah, girl _____
G **Bm** **Am** **D7**
Girl, girl.

Bridge

Am
She's the kind of girl

        E
Who puts you down when friends are there,

      Am   E
You feel a fool.

Am
When you say she's looking good,

    E
She acts as if it's understood,

     Am   C
She's cool, ooh, ooh, ooh.

Chorus 3

G   Bm Am D7
Girl _____

G   Bm Am D7
Girl, girl.

Verse 3

         Em   B7   Em   Em7
Was she told when she was young that pain would lead to pleasure?

Am   G   B7
Did she understand it when they said,

      Em   B7   Em   Em7
That a man must break his back to earn his day of leisure?

Am   Em
Will she still believe it when he's   dead?

Chorus 4

     G   Bm Am D7
Ah, girl _____

G   Bm Am D7
Girl, girl.

Solo

| Em B7 | Em Em7 | Am | G B7 |

| Em B7 | Em Em7 | Am | Em ||

Chorus 5

     G   Bm Am D7
Ah, girl _____

G   Bm Am D7
Girl, girl.   *Fade out*

Glass Onion

Words & Music by
John Lennon & Paul McCartney

Verse 1

Am   F7
 I told you 'bout Strawberry Fields,

Am   F7
 You know, the place where nothing is real.

Am   Gm7   C7/6
 Well, here's another place you can go

   Gm7   C7
Where everything flows.

  F7   D7
Looking through the bent-backed tulips

  F7   D7
To see how the other half live,

  F7   G
Looking through a glass onion.

Verse 2

Am   F7
 I told you 'bout the walrus and me, man,

Am   F7
 You know that we're as close as can be, man,

Am   Gm7   C7/6
 Well, here's another clue for you all

   Gm7   C7
The walrus was Paul.

  F7   D7
Standing on the cast iron shore, yeah,

F7   D7
Lady Madonna trying to make ends meet, yeah,

F7   G
Looking through a glass onion.

Instrumental | **Am** |

Am   **Am♭6**   **Am6**   **Am7**
   Oh yeah,   oh yeah,   oh yeah! _____

F7   **G**
Looking through a glass onion.

Verse 3

Am   **F7**
   I told you 'bout the fool on the hill,

Am   **F7**
   I tell you man, he's living there still,

Am   **Gm7**   **C7/6**
   Well here's another place you can be

Gm7   **C7**
Listen to me.

F7   **D7**
Fixing a hole in the ocean,

F7   **D7**
 Trying to make a dovetail join, yeah,

F7   **G**
Looking through a glass onion.

Coda   ‖: **F7** | **F7** **E7** **E♭7** | **D7** **E♭7** **E7** | **D7** :‖ *Repeat and fade*

Good Day Sunshine

Words & Music by
John Lennon & Paul McCartney

Intro | E | E | E | E ||

Chorus 1
B   F♯   B   F♯
Good day sunshine, good day sunshine,
E   E7
Good day sunshine.

Verse 1
             A   F♯7   B7
I need to laugh,   and when the sun is out,
E7
I've got something I can   laugh about.
            F♯7   B7
I feel good   in a special way,
E7   A
I'm in love, and it's a   sunny day.

Chorus 2
B   F♯   B   F♯
Good day sunshine, good day sunshine,
E   E7
Good day sunshine.

Verse 2
             A   F♯7   B7
We take a walk,   the sun is shining down,
E7   A
Burns my feet as they touch the ground.

Solo | D   B7 | E7 | A7 | D ||

Chorus 3

 B   F♯   B   F♯
Good day sunshine, good day sunshine,

 E   E7
Good day sunshine.

Verse 3

         A F♯7   B7
Then we lie   beneath a shady tree,

 E7   A
I love her and she's loving me.

           F♯7   B7
She feels good,   she knows she's looking fine,

 E7   A
I'm so proud to know that she is mine.

Chorus 4

 B   F♯   B   F♯
Good day sunshine, good day sunshine,

 E   E7
Good day sunshine.

Chorus 5

 B   F♯   B   F♯
Good day sunshine, good day sunshine,

 E   E7
Good day sunshine.

   F
:‖ Good day, sunshine. ‖: *Repeat to fade*

Good Morning, Good Morning

Words & Music by
John Lennon & Paul McCartney

| A | D | Em | G | E |

Intro

```
A  D      A              D
 Good morning, good morning,
         A              D
Good morning, good morning,
         A
Good morning-ah!
```

Verse 1

```
A        Em  G                    A
Nothing to do to save his life, call his wife in.
         Em      G                    A
Nothing to say but "What a day, how's your boy been?"
D                          E
Nothing to do, it's up to you.
         A        Em    G
I've got nothing to say, but it's O.K.
         A              D
(Good morning, good morning,
         A
Good morning-ah!)
```

Verse 2

```
A        Em      G                 A
Going to work, don't want to go, feeling low down.
         Em      G                          A    D
Heading for home you start to roam, then you're in town.
```

Bridge 1

```
A           D                A
 Everybody knows there's nothing doing,
            D              A
Everything is closed, it's like a ruin,
            D              A
Everyone you see is half-asleep,
            D              A
And you're on your own, you're in the street.
```

Verse 3

```
    A    Em     G                              A
After a while you start to smile, now you feel cool.
               Em     G                    A
Then you decide to take a walk by the old school.
    D                              E
Nothing has changed, it's still the same,
          A          Em    G
I've got nothing to say, but it's O.K.
          A              D
(Good morning, good morning,
              A
Good morning-ah!)
```

Solo

```
| A  Em  G | G    A | A  Em  G | G    A | A    D ||
```

Bridge 2

```
    A                    D           A
    People running round, it's five o'clock,
                   D           A
Everywhere in town is getting dark,
                 D          A
Everyone you see is full of life,
               D              A
It's time for tea and meet the wife.
```

Verse 4

```
    A        Em     G                         A
Somebody needs to know the time, glad that I'm here.
               Em        G                      A
Watching the skirt, you start to flirt, now you're in gear.
    D                          E
Go to a show, you hope she goes,
          A          Em    G
I've got nothing to say, but it's O.K.
          A              D       A
(Good morning, good morning, good!)
              A          D      A      D
‖: (Good morning, good morning, good!)        :‖  Repeat to fade
```

103

Goodnight

Words & Music by
John Lennon & Paul McCartney

Intro

| Gmaj7 C/G | Gmaj7 C/G | G Am/G |

| G Am/G | G Bm7 | Am7 D7 ||

Verse 1

G   Bm7 Am7
Now it's time to say good night,

Bm7 Am7 Am/G D7/F♯
Good night, sleep tight.

G   Bm7   Am7
Now the sun turns out his light,

Bm7 Am7 Am/G D7/F♯
Good night, sleep tight.

Gmaj7   D7/G   Gmaj7   D7/G
Dream sweet dreams for me,

G   C/G   G C/G
Dream sweet dreams for you.

Verse 2

G   Bm7   Am7
Close your eyes and I'll close mine,

Bm7 Am7 Am/G D7/F♯
Good night, sleep tight.

G   Bm7   Am7
Now the moon begins to shine,

Bm7 Am7 Am/G D7/F♯
Good night, sleep tight.

Gmaj7   D7/G   Gmaj7   D7/G
Dream sweet dreams for me,

G   C/G   G C/G
Dream sweet dreams for you.

Bridge　｜ G　　Am7 ｜ A7　Dm7 ｜ G7　C/G　｜ D7/F♯ Am7 D7 ‖
Mm, _____ mm, _____ mm. _____

Verse 3

G　　　Bm7　　Am7
Close your eyes and I'll close mine,

Bm7　Am7　Am/G　D7/F♯
Good night, sleep　tight.

G　　　Bm7　　Am7
Now the sun turns out his light,

Bm7　Am7　Am/G　D7/F♯
Good night, sleep　tight.

Gmaj7　　　D7/G　　　Gmaj7　　D7/G
Dream sweet dreams for me,

G　　　C/G　　　G　　C/G
Dream sweet dreams for you.

Coda
(whispered)　｜ G　　Bm7 ｜ Am7　D7 ｜　　　　　｜
　　　　　　　　　　　　　　　　Good night,

G　　　　　　　　Bm7
　Good night everybody,

Am7
Everybody everywhere,

D7　　　　　　G
　Good night.

Got To Get You Into My Life

Words & Music by
John Lennon & Paul McCartney

Brass intro | (G) | (G) | (G) | (G) ‖

Verse 1

G
   I was alone, I took a ride,

                     F/G
I didn't know what I would find there.

G
   Another road where maybe I

                  F/G
Could see another kind of mind there.

Pre-chorus 1

Bm Bm(maj7) Bm7   Bm/G♯
Ooh,   then I suddenly see you,

Bm Bm(maj7) Bm7   Bm/G♯
Ooh,   did I tell you I need you

C   C/B Am7 D7   G
Every single day of my life?

Verse 2

G
   You didn't run, you didn't lie,

                   F/G
You knew I wanted just to hold you.

G
   And had you gone, you knew in time

               F/G
We'd meet again, for I had told you.

Pre-chorus 2

Bm Bm(maj7) Bm7   Bm/G♯
Ooh,   you were meant to be near me,

Bm Bm(maj7) Bm7   Bm/G♯
Ooh,   and I want you to hear me

C   C/B Am7 D7   G
Say we'll be to-gether every day.

Chorus 1

G   C   D
Got to get you into my life!

| G | G | ‖

Verse 3

G
  What can I do, what can I be?

                          F/G
When I'm with you, I want to stay there.

G
  If I am true I'll never leave,

                          F/G
And if I do, I know the way there.

Pre-chorus 3

Bm Bm(maj7) Bm7   Bm/G♯
Ooh,   then I suddenly see you,

Bm Bm(maj7) Bm7   Bm/G♯
Ooh,   did I tell you I need you

C   C/B Am7 D7   G
Every single day   of my life?

Chorus 2

G   C   D
Got to get you into my life!

| G | G | G F/G | C   G |
    G   C   D
I've got to get you into my life!

Coda (ad lib.)

G
I was alone, I took a ride

I didn't know what I would find there.

Another road where maybe I

Could see another kind of mind there.

Then suddenly I see you,

Did I tell you I need you

Every single day…

Happiness Is A Warm Gun

Words & Music by
John Lennon & Paul McCartney

Intro

      Am7 Am6   **Emadd9**   **Em**
She's not a girl who misses much.

Am7   **Am6 Emadd9 Em**
  Do-do-do-do-do-do,   oh yeah.

Verse 1

  Dm6
  She's well acquainted with the touch

Of the velvet hand,

        Am
Like a lizard on a window pane.

   Dm6
The man in the crowd,

                    Am
With the multicoloured mirrors on his hobnail boots.

Dm6
Lying with his eyes,

                Am
While his hands are busy working overtime.

Dm6
  A soap impression of his wife, which he ate,

      Am
And donated to the National Trust.

Link | **A7** | **A7** | **C**   **Am** ||

Verse 2

A7
I need a fix, 'cause I'm going down,

Down to the bits that I left uptown,

C   Am
I need a fix, 'cause I'm going down.

Verse 3

‖: A7   C
Mother Superior, jump the gun,

A7   G
Mother Superior, jump the gun. :‖ *Play 3 times*

Verse 4

C   Am   F
  Happiness is a warm gun, G   C
                       (Bang, bang, shoot, shoot.)

         Am   F   G
Happiness is a warm gun, momma.   C
             (Bang, bang, shoot, shoot.)

        Am   F   G
When I hold you   in my arms,

C   Am   F   G
  And I feel my finger on your trigger,

C Am   F   G
  I know nobody can do me no harm,

C
Because

       Am   F   G
Happiness is a warm gun, momma.
                               C
                     (Bang, bang, shoot, shoot,)

C   Am   F   G
  Happiness is a warm gun, yes it is.   Fm
                    (Bang, bang, shoot, shoot)

(Fm)   N.C.
Happiness is a warm, yes it is…

         C
Gun. _____   Am F   G   Well don't you know that
        (Happiness… bang, bang, shoot, shoot)

C   Am   F   G   C
Happiness   is a warm gun, momma.
   (Happiness…   is a warm gun,yeah!)

Hello Goodbye

Words & Music by
John Lennon & Paul McCartney

Verse 1

F6   C
You say yes, I say no,

G7   Am   G7
You stay stop, but I say go, go, go.

Am   G7
   Oh no.

G   G7   F/G
You say goodbye and I say;

Chorus 1

       C   C/B   Am   Asus2/G
Hello,   hello, hello,

               F   A♭
I don't know why you say goodbye, I say hello,

       C   C/B   Am   Asus2/G
Hello,   hello, hello,

               F   B♭9   C
I don't know why you say goodbye, I say hello.

Verse 2

F6   C
I say high, you say low,

G7   Am   G7
You say why and I say I don't know.

Am   G7
   Oh no.

G   G7   F/G
You say goodbye and I say hello.

Chorus 2

```
          C              C/B        Am
(Hello, goodbye, hello, goodbye,)
                         Hello, hello,

   Asus2/G
(Hello, goodbye.)     F           A♭         C
             I don't know why you say goodbye, I say hello.

          C              C/B        Am
(Hello, goodbye, hello, goodbye,)
                         Hello, hello,

   Asus2/G
(Hello, goodbye,)     F              B♭9       C
             I don't know why you say goodbye, I say hello.
                              (Hello, goodbye.)
```

Link

```
   F6   C                  G7
         Why, why, why, why, why, why,

        Am                G7
Do you say goodbye, goodbye?

   Am    G7
     Oh no.

   G            G7       F/G
You say goodbye and I say;
```

Chorus 3   As Chorus 1

Verse 3

```
   F6            C
You say yes,   I say no,
                (I say yes, but I may mean no,)

   G7                    Am           G7
You say stop,        but I say go, go, go.
              (I can stay till it's time to go)

   Am    G7
     Oh, no.

   G            G7       F/G
You say goodbye and I say;
```

Chorus 4   As Chorus 1

Chorus 5

```
   C/B            Am   Asus2/G
   Hello, hello,

                   F           A♭        A♭ A♭/G A♭/G♭ F
I don't know why you say goodbye, I say hello, _____

      C
Hello.
```

Coda

```
      C
‖: Hela, heba, helloa. :‖   Repeat to fade
```

Hello Little Girl

Words & Music by
John Lennon & Paul McCartney

Intro

N.C.   **E⁷**   **A**   **F♯7** **Bm⁷**
Hello little girl, _____

E⁷   **A**   **F♯7** **Bm⁷**
Hello little girl, _____

E⁷   **A**   **F♯7** **Bm⁷** **E⁷**
Hello little girl. _____

Verse 1

       A   **E**
When I see you every day

D   **E⁷** **D E**   **A**
I say, mm-mm,   hello little girl.

       A   **E**
When you're passing on your way

D   **E⁷** **D E**   **A**
I say, mm-mm,   hello little girl.

Verse 2

       A   **E**
When I see you passing by

D   **E⁷** **D E**   **A**
I cry, mm-mm,   hello little girl.

       A   **E**
When I try to catch your eye

D   **E⁷** **D E**   **A**
I cry, mm-mm,   hello little girl.

Bridge 1

A   F♯7 Bm7 E7
I send you flowers, but you don't care,

A   F♯7   Bm7 E7
You never seem to see me standing there.

A F♯7   Bm7   E7
I often wonder what you're thinking of,

A   F♯7 Bm7   E7
I hope it's me and love, love, love.

Verse 3

     A   E   D
So I hope there'll come a day when you'll say

    E7 D   E   A
Mm-mm, you're my little girl.

Solo

| A E | D E | D E | A   ‖

Bridge 2

A   F♯7   Bm7   E7
It's not the first time that it's happened to me,

A   F♯7   Bm7 E7
It's been a long, lonely time.

A   F♯7   Bm7 E7
And it's so funny, so funny to see

A   F♯7   Bm7 E7
That I'm about to lose my mi-mi-mind.

Verse 4

     A   E
So I hope there'll come a day when you'll say

D E7 D   E   A
Mm-mm, you're my little girl.

Coda

    F♯7 Bm7 E   A
Mm-mm, you're my little girl,

    F♯7 Bm7 E   A
Mm-mm, you're my little girl,

   F♯7 Bm7 E   A C♯m Bm7 B♭ A A6/9
Oh yeah, you're my little girl. _____

Help!

Words & Music by
John Lennon & Paul McCartney

Intro

Bm
Help! I need somebody.

G
Help! Not just anybody.

E
Help! You know I need someone.

A
Help!

Verse 1

  A   **C♯m**
When I was younger, so much younger than today,

F♯m   **D**   **G** **A**
I never needed anybody's help in any way.

  A   **C♯m**
But now those days are gone I'm not so self assured,

F♯m   **D** **G**   **A**
Now I find I've changed my mind, and opened up the doors.

Chorus 1

Bm
Help me if you can I'm feeling down,

     G
And I do appreciate you being 'round,

E
Help me get my feet back on the ground,

          A | **A** **Asus2** | **A** **Asus2** **A** ‖
Won't you please, please help me?

Verse 2

```
         A                        C#m
      And now my life has changed in oh, so many ways,
      F#m                    D    G    A
      My independence seems to vanish in the haze.
         A                        C#m
      But ev'ry now and then I feel so insecure,
      F#m                         D    G    A
      I know that I just need you like I've never done before.
```

Chorus 2

```
      Bm
      Help me if you can I'm feeling down,
            G
      And I do appreciate you being 'round,
      E
      Help me get my feet back on the ground,
              A              | A   Asus2 | A   Asus2  A ‖
      Won't you please, please help me?
```

Verse 3

```
         A                        C#m
      When I was younger, so much younger than today,
      F#m                    D    G    A
      I never needed anybody's help in any way.
         A                        C#m
      But now those days are gone I'm not so self assured,
      F#m                         D    G    A
      Now I find I've changed my mind, and opened up the doors.
```

Chorus 3

```
      Bm
      Help me if you can I'm feeling down,
            G
      And I do appreciate you being around,
      E
      Help me get my feet back on the ground,
              A              F#m
      Won't you please, please help me?
              A    A6
      Help me, help me, ooh, mm.
```

Helter Skelter

Words & Music by
John Lennon & Paul McCartney

E7*   E6   Eaug   G   E   A   E7

Intro | E7* ||

Verse 1
      E7*   E6
When I get to the bottom I go back to the top of the slide.

              Eaug
Where I stop and I turn and I go for a ride,

                 G
Till I get to the bottom, and I see you again,

       E
Yeah, yeah, yeah!

Verse 2
   E
Do you, don't you want me to love you?

I'm coming down fast, but I'm miles above you.

Tell me, tell me, tell me,

      G
Come on, tell me the answer,

       A   E
Well, you may be a lover, but you ain't no dancer.

Chorus 1
     A   E
Helter Skelter, Helter Skelter,
     A   E
Helter Skelter, yeah!

Link | E | E ||

Verse 3

E
Will you, won't you want me to make you?

I'm coming down fast, but don't let me break you.
G
Tell me, tell me, tell me the answer,
    A   E
You may be a lover, but you ain't no dancer.

Look out!

Chorus 2

A   E
Helter Skelter, Helter Skelter,
A   E
Helter Skelter, yeah!
E
    Look out 'cause here she comes!

Solo

| A | E | A | E | ‖

Verse 4

As Verse 1

Verse 5

E
Well, do you, don't you want me to make you?

I'm coming down fast, but don't let me break you.
G
Tell me, tell me, tell me your answer,
              A   E
Well, you may be a lover, but you ain't no dancer.

Look out!

Chorus 3

A   E
Helter Skelter, Helter Skelter,
A
Helter Skelter.

Coda

E
    Look out! Helter Skelter!

She coming down fast!

Yes she is, yes she is, coming down fast…

Instrumental   ‖: E⁷ | E⁷ :‖ *Repeat ad lib. to fade*

Her Majesty

Words & Music by
John Lennon & Paul McCartney

Intro | (D)   ‖

Verse 1

D   D/C♯   D/B   D/A
Her Majesty's a pretty nice girl,
       E7   A   D
But she doesn't have a lot to say.
D   D/C♯   D/B   D/A
Her Majesty's a pretty nice girl,
       E7   A
But she changes from day to day.

Bm   Bsus2
I wanna tell her that I love her a lot,
       D7   G
But I gotta get a belly full of wine.

Gm6   D   B7
Her Majesty's a pretty nice girl,
     E7   A6   D
Some day I'm gonna make her mine,
     B7
Oh yeah,
     E7   A6   D
Some day I'm gonna make her mine.

I Am The Walrus

Words & Music by
John Lennon & Paul McCartney

Intro | B | B A A6 G F F6 | E | E7 | D | D7 ‖

Verse 1

    A   A/G
I am he as you are he
    C   D   A   A/G
As you are me and we are all together.
    C
See how they run like pigs from a gun,
           D   A
See how they fly, I'm crying.

Verse 2

    A   A/G   Dadd9/F♯
Sitting on a cornflake,
    F   G   A   A/G
Waiting for the van to come.
    F
Corporation T-shirt stupid bloody Tuesday,
    B7
Man, you been a naughty boy, you let your face grow long.

Chorus 1

             C   D
I am the eggman, they are the eggmen,
        E
I am the walrus,

Goo goo g'joob.

Verse 3

```
        A     A/G              C         D         A    A/G
Mr. City p'licemen sitting pretty little p'licemen in a row.
```

```
C
See how they fly like Lucy in the sky,
```

```
   D               A
See how they run, I'm crying.
```

```
        Dsus4
I'm cry   -   ing,
```

```
        A
I'm crying,
```

```
        E      D    D7
I'm cry   -   ing.
```

Verse 4

```
A                        A/G    Dadd9/F♯
Yellow matter custard,
```

```
F              G        A    A/G
Dripping from a dead dog's eye.
```

```
F
Crabalocker fishwife, pornographic priestess,
```

```
B7
Boy, you been a naughty girl, you let your knickers down.
```

Chorus 2

```
          C                    D
I am the eggman, they are the eggmen,
```

```
            E
I am the walrus,
```

```
Goo goo g'joob.
```

Link

```
| B   A  | G   F  | E          ||
```

Bridge 1

```
B          A       G          F    E
Sitting in an English garden, waiting for the sun.
```

```
F              B7
   If the sun don't come, you get a tan
```

```
From standing in the English rain.
```

Chorus 3

```
          C                    D
I am the eggman, they are the eggmen,
```

```
            E
I am the walrus,
```

```
Goo goo g'joob.
```

```
D
Goo goo goo g'joob.
```

Verse 5

A   A/G
Expert texpert choking smokers,

C   D   A
Don't you think the joker laughs at you?

      A/G
(Ha ha ha! Hee hee hee! Ha ha ha!)

C
See how they smile like pigs in the sty,

   D   A
See how they snied, I'm crying.

Verse 6

A   A/G Dadd9/F♯
Semolina pilchard,

F   G A A/G
Climbing up the Eiffel Tower.

F
Elementary penguin singing Hare Krishna,

  B7
Man, you should have seen them

Kicking Edgar Allen Poe.

Chorus 4

     C   D
I am the eggman, they are the eggmen,

     E
I am the walrus,

Goo goo g'joob,

D
Goo goo goo g'joob,

C
Goo goo g'joob,

      B7
Goo goo goo g'joob, goo.

(B7)
 Chooga, chooga, chooga.

Joob-a, joob-a, joob-a.

Coda

‖: A | G | F | E |
 Joob-a, joob-a, etc.

| D | C | B7 :‖ *Repeat to fade*

Here Comes The Sun

Words & Music by
George Harrison

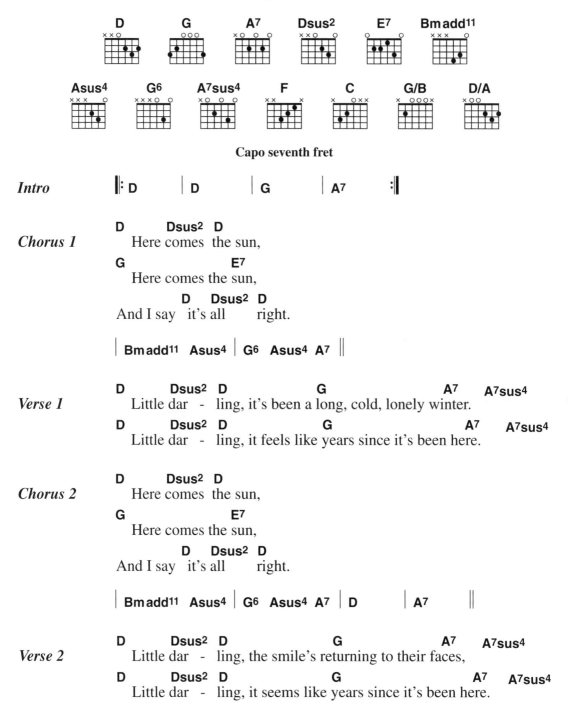

Capo seventh fret

Intro
‖: D | D | G | A7 :‖

Chorus 1

D   Dsus2 D
Here comes the sun,

G   E7
Here comes the sun,

         D Dsus2 D
And I say it's all   right.

| Bmadd11 Asus4 | G6 Asus4 A7 ‖

Verse 1

D   Dsus2 D   G   A7   A7sus4
Little dar - ling, it's been a long, cold, lonely winter.

D   Dsus2 D   G   A7   A7sus4
Little dar - ling, it feels like years since it's been here.

Chorus 2

D   Dsus2 D
Here comes the sun,

G   E7
Here comes the sun,

         D Dsus2 D
And I say it's all   right.

| Bmadd11 Asus4 | G6 Asus4 A7 | D | A7 ‖

Verse 2

D   Dsus2 D   G   A7   A7sus4
Little dar - ling, the smile's returning to their faces,

D   Dsus2 D   G   A7   A7sus4
Little dar - ling, it seems like years since it's been here.

Chorus 3

D   Dsus2 D
Here comes the sun,

G   E7
Here comes the sun,

          D   Dsus2 D
And I say it's all   right.

| Bmadd11 Asus4 | G6 Asus4 A7 | D | A7 | ‖

Bridge

| F | C | G/B | G | D | A7 |

‖: F | C | G/B | G | D | A7 :‖   *Play 5 times*
Sun,   sun,   sun,   here it comes.

| A7 | A7sus4 | A7 | A7sus4 A | ‖

Verse 3

D   Dsus2 D   G   A7   A7sus4
Little dar - ling, I feel that ice is slowly melting,

D   Dsus2 D   G   A7   A7sus4
Little dar - ling, it seems like years since it's been clear.

Chorus 4   As Chorus 1

Chorus 5

D   Dsus2 D
Here comes the sun,

G   E7
Here comes the sun,

          D   Dsus2 D
It's alright.

| Bmadd11 Asus4 | G6 Asus4 A7 |

D   Dsus2 D
It's all   right.

Coda

| Bmadd11 Asus4 | G6 Asus4 A7 |

| F   C | G/B G | D/A | ‖

Here, There And Everywhere

Words & Music by
John Lennon & Paul McCartney

Intro

G   Bm
To lead a better life,

B♭   Am7 D7
I need my love to be here.

Verse 1

G   Am
Here,

Bm   C   G Am
Making each day of the year,

Bm   C   F♯m7   B7
Changing my life with a wave of her hand,

F♯m7   B7 Em   Am   Am7 D7
Nobody can deny that there's something there.

Verse 2

G   Am
There,

Bm   C   G Am
Running my hands through her hair,

Bm   C   F♯m7   B7
Both of us thinking how good it can be,

F♯m7   B7   Em   Am   Am7 D7
Someone is speaking, but she doesn't know he's there.

Bridge 1

F7   B♭   Gm
I want her everywhere,

Cm   D7   Gm
And if she's beside me, I know I need never care,

Cm   D7
But to love her is to need her…

Verse 3

G   Am
Everywhere.

Bm   C   G   Am
Knowing that love is to share,

Bm   C   F#m7   B7
Each one believing that love never dies,

F#m7   B7   Em   Am Am7 D7
Watching their eyes and hoping I'm always there.

Bridge 2

     F7   B♭   Gm
I want her everywhere,

         Cm   D7   Gm
And if she's beside me, I know I need never care,

Cm   D7
But to love her is to need her…

Verse 4

G   Am
Everywhere.

Bm   C   G   Am
Knowing that love is to share,

Bm   C   F#m7   B7
Each one believing that love never dies,

F#m7   B7   Em   Am Am7 D7
Watching their eyes and hoping I'm always there.

Coda

          G   Am
I will be there

      Bm   C
And everywhere,

G   Am   Bm   C   G
Here, there and everywhere. ____

Hey Bulldog

Words & Music by
John Lennon & Paul McCartney

Intro   ‖: B7 | B7 :‖   *Play 3 times*

Verse 1
B7   F#m7
Sheep dog standing in the rain,
B7   F#m7
Bullfrog, doing it again.
A   F#m7   E   E7
Some kind of happiness is measured out in miles.
A   F#m7   B7
What makes you think you're something special when you smile?

Verse 2
B7   F#m7
Child-like, no-one understands,
B7   F#m7
Jack-knife in your sweaty hands.
A   F#m7   E   E7
Some kind of innocence is measured out in years,
A   F#m7   B7
You don't know what it's like to listen to your fears.

Chorus 1
Bm   Bmaug   Bm6
You can talk to   me,
Bm7   Em Emaug
You can talk to me,
Em6   Em7
You can talk to me,
            Bm   Em
If you're lonely, you can talk to me.

Link   ‖: B7 | B7 :‖
(me.)

Solo | B7 | F#m7 | B7 | F#m7 |

| A F#m7 | E E7 | A F#m7 | B7 ||

Verse 3

B7　　　　F#m7
Big man, walking in the park,

B7　　　　F#m7
Wigwam, frightened of the dark.

A　　　　　　F#m7　　　E　　　　　　E7
Some kind of solitude is measured out in you.

A　　　　　　F#m7　　　　　B7
You think you know me, but you haven't got a clue.

Chorus 2

Bm　　　Bmaug　　Bm6
You can talk to　me,

Bm7　　　　　　　Em　Emaug
You can talk to me,

Em6　　　　　　Em7
You can talk to me,

　　　　Bm　　　　　　Em
If you're lonely, you can talk to me.

Link ‖: B7 | B7 :‖
(me.)

Coda | B7 ‖: F#m7 | B7 :‖ *Repeat to fade*
Hey, bull-dog.

127

Hey Jude

Words & Music by
John Lennon & Paul McCartney

Capo first fret

Verse 1

E   B7
Hey Jude, don't make it bad,

                            E
Take a sad song and make it better.

        A   E
Remember to let her into your heart,

                B7   E
Then you can start to make it better.

Verse 2

        (E)   B7
Hey Jude, don't be afraid,

                            E
You were made to go out and get her.

        A   E
The minute you let her under your skin,

                B7   E   E7
Then you begin to make it better.

Bridge 1

                        A
And anytime you feel the pain,

        A/G♯   A/F♯
Hey Jude, refrain,

                A/E   B7   E   E7
Don't carry the world upon your shoulders.

                            A
For well you know that it's a fool

        A/G♯   A/F♯
Who plays it cool

        A/E   B7   E
By making his world a little colder.

        E7   B7
Na na na na na, na na na na.

Verse 3

      E   B7
Hey Jude, don't let me down,

                           E
You have found her, now go and get her.

  A   E
Remember to let her into your heart,

             B7   E   E7
Then you can start to make it better.

Bridge 2

                    A
So let it out and let it in,

      A/G♯   A/F♯
Hey Jude, begin,

         A/E   B7   E   E7
You're waiting for someone to perform with.

                        A
And don't you know that it's just you,

      A/G♯   A/F♯
Hey Jude, you'll do,

        A/E   B7   E
The movement you need is on your shoulder.

        E7   B7
Na na na na na, na na na na. Yeah.

Verse 4

      E   B7
Hey Jude, don't make it bad,

                      E
Take a sad song and make it better.

  A   E
Remember to let her under your skin,

         B7   E
Then you begin to make it better,

Better, better, better, better, better, oh.

Outro

‖: E   D
   Na __ na na, na na na na, __

 A   E
Na na na na. __ Hey Jude. :‖ *Repeat to fade*

Hold Me Tight

Words & Music by
John Lennon & Paul McCartney

Intro

       F   C7
It feels so right now.

Verse 1

F   B♭7
Hold me tight,

G7   C7
   Tell me I'm the only one,

     F   B♭7
And then I might

G7   C7
   Never be the lonely one.

     F   F7   B♭7   B♭m7
So hold me tight, tonight, tonight,

      F   B♭m7
It's you

          F   C7
You, you, you. _____

Verse 2

F   B♭7
Hold me tight,

G7   C7
   Let me go on loving you

    F   B♭7
Tonight, tonight,

G7   C7
   Making love to only you.

     F   F7   B♭7   B♭m7
So hold me tight, tonight, tonight,

      F   B♭m7
It's you

         F   A♭7
You, you, you. _____

Bridge 1

(A♭7)   F7   A♭7   F7
Don't know what it means to hold you tight,

B♭7   Gm   G7
Being here alone tonight with you,

   C7
It feels so right now.

Verse 3

F   B♭7
Hold me tight,

G7   C7
Tell me I'm the only one,

     F   B♭7
And then I might

G7   C7
Never be the lonely one.

    F   F7   B♭7   B♭m7
So hold me tight, tonight, tonight,

    F   B♭m7
It's you

        F   A♭7
You, you, you. ____

Bridge 2   As Bridge 1

Verse 4

F   B♭7
Hold me tight,

G7   C7
Let me go on loving you

   F   B♭7
Tonight, tonight,

G7   C7
Making love to only you.

    F   F7   B♭7   B♭m7
So hold me tight, tonight, tonight,

    F   B♭m7
It's you

        F   A♭7 F
You, you, you. ____

A♭7   F
You. ____

131

Honey Pie

Words & Music by
John Lennon & Paul McCartney

Intro

    Em   A⁶   Am/D
    She was a working girl.

Cm   G
North of England way.

Em   A⁶   Am/D Cm   G
Now she's hit the big time   in the U. S. A.

A⁷
And if she could only hear me,

D⁷
This is what I'd say:

Verse 1

G   E♭7
Honey Pie, you are making me crazy,

E⁷   A⁷
    I'm in love, but I'm lazy,

D⁷   G   E♭7 D⁷
    So won't you please come home?

Verse 2

      G   E♭7
Oh, Honey Pie, my position is tragic,

E⁷   A⁷
    Come and show me the magic

D⁷   G F♯ F
    Of your Hollywood song.

Bridge 1

Em   C♯m7♭5   G
You became a legend of the silver screen,

G⁷   C
    And now the thought of meeting you

E⁷   Am D⁷
Makes me weak in the knee.

Verse 3

          G   **E♭7**
Oh, Honey Pie, you are driving me frantic,

E7   **A7**
  Sail across the Atlantic

D7   **G**
  To be where you belong.

      E♭7   **D7**   **G**
Honey pie, come back to me.

Solo

| **G** | **G** | **E♭7** | **E7** | **A7** | **D7** ||

(me.)

G   **E♭7** **D7**
  (I like it like that)

Verse 4

G   **E♭7**
  …I like this kind of, hot kind of music,

E7
Hot kind of music,

A7
Play it to me,

D7   **G**   **F♯** **F**
Play it to me, Hollywood blues.

Bridge 2

Em   **C♯m7♭5**   **G**   **G7**
Will the wind that blew her boat across the sea

C   **E7**   **Am** **D7**
  Kindly send her sailing back to me.

Verse 5

      G   **E♭7**
Now, Honey pie, you are making me crazy,

E7   **A7**
  I'm in love, but I'm lazy,

D7   **G**
  So won't you please come home?

               E♭7   **D7**   **G**
(Come, come back to me Honey Pie,) _____

| **G** | **E♭7** | **E7** | **A7** |

D7   **G**
(Honey Pie, Honey Pie.)

| **E♭7** **D7** | **G** ‖

I Call Your Name

Words & Music by
John Lennon & Paul McCartney

Intro
| F#7 | B7* | E7 | B7 |

Verse 1

        E7
I call your name,

           C#7
But you're not there,

       F#7
Was I to blame

         B7
For being unfair?

       E7
Oh, I can't sleep at night

            C#7
Since you've been gone.

   F#7
I never weep at night,

A Am   E7
  I can't go on.

Bridge 1

               A7
Don't you know I can't take it?

         C#m
I don't know who can.

      F#7
I'm not goin' to make it,

         C7   **B7**
I'm not that kind of man. _____

Verse 2

             E7
Oh, I can't sleep at night,

          C♯7
But just the same

        F♯7
I never weep at night,

A Am   E7
  I call your name.

Solo

| E7 | E7 | C♯7 | C♯7 |

| F♯7 | A Am | E7 | E7 ||

Bridge 2

                   A7
Don't you know I can't take it?

              C♯m
I don't know who can.

         F♯7
I'm not goin' to make it,

             C7   B7
I'm not that kind of man. _____

Verse 3

             E7
Oh, I can't sleep at night,

         C♯7
But just the same,

        F♯7
I never weep at night,

A Am   E7
  I call your name.

   A7   E7
‖:   I call your name,

A7   E7
  I call your name.:‖ *Repeat to fade*

I Don't Want To Spoil The Party

Words & Music by
John Lennon & Paul McCartney

Intro | G | G7 Em* | D7sus4 | D7sus4 |

| D7 | D7 | G | G ||

Verse 1
        G
I don't want to spoil the party so I'll go,
                     D7
I would hate my disappointment to show.
   Em   **B7**   **Am**   **D**
There's nothing for me here, so I will disappear,
   G   **Fadd9**   **G**
If she turns up while I'm gone, please let me know.

Verse 2
        G
I've had a drink or two and I don't care,
                   D7
There's no fun in what I do if she's not there.
  Em   **B7**   **Am**   **D**
I wonder what went wrong, I've waited far too long,
   G   **Fadd9**   **G**
I think I'll take a walk and look for her.

Bridge 1
        G
Though tonight she's made me sad,
Em A C D7
I   still love her.

      G
If I find her I'll be glad,
Em A C D7
I   still love her.

Verse 3

G
I don't want to spoil the party so I'll go,

                              D7
I would hate my disappointment to show.

           Em   B7   Am   D
There's nothing for me here, so I will disappear,

        G   Fadd9   G
If she turns up while I'm gone, please let me know.

Solo

G	G	G	G	G	G	
D7	D7	Em	B7	Am	D	
G	Fadd9	G				

Bridge 2

          G
Though tonight she's made me sad,

Em A   C   D7
I   still love her.

     G
If I find her I'll be glad,

Em A   C   D7
I   still love her.

Verse 4

          G
So, I've had a drink or two and I don't care,

                               D7
There's no fun in what I do if she's not there.

      Em   B7   Am   D
I wonder what went wrong, I've waited far too long,

   G   Fadd9   G
I think I'll take a walk and look for her.

Coda

| G | G7 | Em* | D7sus4 | D7sus4 | |
| D7 | D7 | G | | | |

I Feel Fine

Words & Music by
John Lennon & Paul McCartney

Intro	| (D7)	| (D7)	| (C7)	| (C7)	|
	Feedback			
	| (G7)	| (G7)	| (G7)	| (G7)	||

Verse 1

G7
Baby's good to me, you know,

She's happy as can be, you know
D7
She said so.
             C7   **G7**
I'm in love with her and I feel fine.

Verse 2

G7
Baby says she's mine, you know,

She tells me all the time, you know
D7
She said so.
             C7   **G7**
I'm in love with her and I feel fine.

Bridge 1

G   **Bm**
I'm so glad
      C   **D7**
That she's my little girl,
G   **Bm**
She's so glad,
       Am   **D7**
She's telling all the   world;

Verse 3

G7
That her baby buys her things, you know,

He buys her diamond rings, you know
   D7
She said so.
          C7   G7
She's in love with me and I feel fine.

Solo

| G7 | G7 | G7 | G7 | D7 | D7 ‖

| (D7) | (D7) | (C7) | (C7) |

| (G7) | (G7) | (G7) | (G7) ‖

Verse 4

G7
Baby says she's mine, you know,

She tells me all the time, you know
   D7
She said so.
          C7   G7
I'm in love with her and I feel fine.

Bridge 2

G   Bm
I'm so glad
       C   D7
That she's my little girl,
G   Bm
She's so glad,
       Am   D7
She's telling all the   world;

Verse 5

G7
That her baby buys her things, you know,

He buys her diamond rings, you know
   D7
She said so.
          C7   G7
She's in love with me and I feel fine.

Coda

D7   C7   G7
She's in love with me and I feel fine.

‖: G7 | G7 | G7 | G7 :‖ *Repeat to fade*

I Me Mine

Words & Music by
George Harrison

Intro | Am C | D7 | G E7 ‖

Verse 1

Am C   D7
All ___ through the day,

   G   E7   Am
I me mine, I me mine, I me mine.

   C   D7
All ___ through the night,

   G   E7   Am
I me mine, I me mine, I me mine.

    Dm
Never frightened of leaving it,

F6
Everyone's weaving it,

E7♭9   E
Coming on strong all the time.

Am Am(maj7)   Am7 Am6
All ___ through the day,

    Fmaj7
I me mine.

Chorus 1

A7
I me-me mine,

I me-me mine,

D7
  I me-me mine,

A7   E7 | E7   ‖
  I me-me mine.

Verse 2

Am C   D7
All ____ I can hear,

      G   E7   Am
I me mine, I me mine, I me mine.

  C   D7
Even those tears,

      G   E7   Am
I me mine, I me mine, I me mine.

       Dm
No-one's frightened of playing it,

F6
Everyone's saying it,

E7♭9   E
Flowing more freely than wine.

Am Am(maj7)   Am7 Am6
All ____ through the day,

     Fmaj7
I me mine.

Chorus 2

A7
I me-me mine,

I me-me mine,

D7
  I me-me mine,

A7   E7 | E7   ‖
  I me-me mine.

Verse 3

Am C   D7
All ____ I can hear,

      G   E7   Am
I me mine, I me mine, I me mine.

  C   D7
Even those tears,

      G   E7   Am
I me mine, I me mine, I me mine.

       Dm
No-one's frightened of playing it,

F6
Everyone's saying it,

E7♭9   E
Flowing more freely than wine.

Am Am(maj7)   Am7 Am6
All ____ through your life,

     Fmaj7
I me mine.

I Need You

Words & Music by
George Harrison

Intro || A Asus² | Asus⁴ A ||

Verse 1

    A   D   A   Asus² Asus⁴ A
You don't realise how much I need you,

    A   D   A   A⁷ Asus⁴ A
Love you all the time and never leave you,

        F♯m   C♯m   F♯m   Bm
Please come on back to me, I'm lonely as can be,

      A   Asus² Asus⁴ A
I need you.

Verse 2

    A   D   A   Asus² Asus⁴ A
Said you had a thing or two to tell me,

    A   D   A A⁷ Asus⁴ A
How was I to know you would upset me?

     F♯m   C♯m   F♯m   Bm
I didn't realise as I looked in your eyes,

      A   Asus² Asus⁴ A
You told me.

Bridge 1

               D
Oh yes, you told me

     E   A
You don't want my lovin' anymore.

           D   E
That's when it hurt me, and feeling like this

    B⁷   E⁷
I just can't go on anymore.

Verse 3

A   D   A   Asus2 Asus4 A
Please remember how I feel about you,

A   D   A A7 Asus4 A
I could never really live without you.

     F#m   C#m
So, come on back and see

     F#m   Bm
Just what you mean to me,

  A   Asus2 Asus4 A
I need you.

Bridge 2

              D
But when you told me

     E   A
You don't want my lovin' anymore,

        D   E
That's when it hurt me, and feeling like this

 B7   E7
I just can't go on anymore.

Verse 4

A   D   A   Asus2 Asus4 A
Please remember how I feel about you,

A   D   A A7 Asus4 A
I could never really live without you.

     F#m   C#m
So, come on back and see

     F#m   Bm
Just what you mean to me,

  A   Asus2 Asus4 A
I need you.

Coda

     F#m   Dmaj7
I need you, I need you.

| A Asus2 | Asus4 A ‖

I Saw Her Standing There

Words & Music by
John Lennon & Paul McCartney

Intro | E7 | E7 | E7 | E7 ‖

Verse 1
                  E7
Well, she was just seventeen,
    A7   E7
You know what I mean,

                                            B7
And the way she looked was way beyond compare.
   E7   A7
So how could I dance with another,
C   E7   B7   E7
Oh, when I saw her standing there.

Verse 2
            E7
Well, she looked at me,
    A7   E7
And I, I could see,

                                B7
That before too long, I'd fall in love with her.
E7   A7
She wouldn't dance with another,
C   E7   B7   E7
Oh, when I saw her standing there.

Bridge 1
           A7
Well, my heart went boom

When I crossed that room,
                  B7   A7
And I held her hand in mine. _____

Verse 3

E7
Well, we danced through the night,

A7   E7
And we held each other tight,

                                      B7
And before too long I fell in love with her.

     E7   A7
Now I'll never dance with another,

C   E7   B7   E7
Oh, when I saw her standing there.

Solo

| E7 | E7 | E7 | E7 | E7 | E7 . |

| B7 | B7 | E7 | E7 | A7 | A7 |

| E7 | B7 | E7 | E7 ‖

Bridge 2

A7
Well, my heart went boom

When I crossed that room,

                         B7   A7
And I held her hand in mine. _____

Verse 4

      E7
Oh, we danced through the night,

      A7   E7
And we held each other tight,

                                   B7
And before too long I fell in love with her.

     E7   A7
Now I'll never dance with another,

C   E7   B7   E7
Oh, since I saw her standing there,

                     B7   E7
Oh, since I saw her standing there,

                         B7   A7   E7 E9
Yeah, well since I saw her standing there.

I Should Have Known Better

Words & Music by
John Lennon & Paul McCartney

Intro | G D | G D | G D | G D ‖

Verse 1

G D G D   G   D G D
I _____ should have known better with a girl like you,

      G   D   Em
That I would love everything that you do,

   C   D   G D G
And I do, hey hey hey, and I do.

Verse 2

D   G D G D   G   D G D
Woh woh, I _____ never realised what a kiss could be,

     G D   Em
This could only happen to me.

    C   B7
Can't you see, can't you see?

Bridge 1

Em   C   G   B7
 That when I tell you that I love you, oh,

Em   G G7
 You're gonna say you love me too, __ oh,

C   D   G Em
 And when I ask you to be mine __

C   D   G D G
 You're gonna say you love me too.

Verse 3

D   G D G D   G   D   G D
So, oh, I _____ should have realised a lot of things before.

     G   D   Em
If this is love, you've got to give me more,

     C   D   G D G D
Give me more, hey hey hey, give me more.

Solo | G D | G D | G D | G D |

| G D | Em | C | D   ‖

| G D | G D   ‖

Woh woh,

Verse 4

G D G D   G   D   G D
I _____ never realised what a kiss could be,

        G   D   Em
This could only happen to me.

        C   B7
Can't you see, can't you see?

Bridge 2

Em   C   G   B7
  That when I tell you that I love you, oh,

Em   G   G7
  You're gonna say you love me too, __ oh,

C   D   G   Em
  And when I ask you to be mine __

C   D   G   D G
  You're gonna say you love me too.

        D   G   D G
Outro You love me too.

        D   G   D G
‖: You love me too.   :‖ *Repeat to fade*

I Wanna Be Your Man

Words & Music by
John Lennon & Paul McCartney

Verse 1

E   E11   E   E11
I wanna be your lover, baby,

E   E11   E   E11
I wanna be your man,

E   E11   E   E11
I wanna be your lover, baby,

E   E11   E7
I wanna be your man.

Verse 2

E   E11   E   E11
Love you like no other, baby,

E   E11 E   E11
Like no other can,

E   E11   E   E11
Love you like no other, baby,

E   E11 E7
Like no other can.

Chorus 1

N.C.   F#7   B7
I wanna be your man,

E*   C#7
I wanna be your man,

F#7   B7
I wanna be your man,

E   E11
I wanna be your ma - an.

Verse 3

E   E11   E   E11
Tell me that you love me, baby,

E   E11   E   E11
Let me understand,

E   E11   E   E11
Tell me that you love me, baby,

E   E11 E7
I wanna be your man.

Verse 4

E   E11   E   E11
I wanna be your lover, baby,

E   E11   E   E11
I wanna be your man,

E   E11   E   E11
I wanna be your lover, baby,

E   E11   E7
I wanna be your man.

Chorus 2

N.C.   F#7   B7
I wanna be your man,

                      E*   C#7
I wanna be your man,

                      F#7   B7
I wanna be your man,

                      E   E11
I wanna be your ma - an.

Solo   ‖: E E11 | E E11 | E E11 | E E11 :‖ *Play 3 times*

Verse 5

E   E11   E   E11
I wanna be your lover, baby,

E   E11   E   E11
I wanna be your man,

E   E11   E   E11
I wanna be your lover, baby,

E   E11   E7
I wanna be your man.

Verse 6

E   E11   E   E11
Love you like no other, baby,

E   E11 E   E11
Like no other can,

E   E11   E   E11
Love you like no other, baby,

E   E11 E7
Like no other can.

Chorus 3   As Chorus 2

Coda   ‖: E E11 E   E11   E
                        I wanna be your man. :‖ *Repeat to fade*

I Want To Hold Your Hand

Words & Music by
John Lennon & Paul McCartney

Intro   C D | D   C D | D   C D | D | D   ‖

Verse 1

(D)   **G**   **D**
Oh yeah, I'll tell you something,

Em   **B7**
　I think you'll understand.

　　　　　G   **D**
When I say that something,

Em   **B7**
　I wanna hold your hand.

Chorus 1

*C   ***D**   ***G**   **Em**
　I wanna hold your hand,＿＿

*C   ***D**   **G**
　I wanna hold your hand.

Verse 2

　　　　G   **D**
Oh please say to me

Em   **B7**
　You'll let me be your man.

　　　　G   **D**
And please say to me

Em   **B7**
　You'll let me hold your hand.

Chorus 2

*C   ***D**   ***G**   **Em**
　Now let me hold your hand,＿＿

*C   ***D**   **G**
　I wanna hold your hand.

Middle 1

     Dm   **G**
     And when I touch you

         C   **Am**
I feel happy inside.

Dm   **G**
    It's such a feeling

          C   **D**
That my love I can't hide,

C   **D**   **C**   **D**
I can't hide, I can't hide.

Verse 3

        G   **D**
Yeah, you got that something,

Em   **B⁷**
   I think you'll understand.

        G   **D**
When I say that something,

Em   **B⁷**
   I wanna hold your hand.

Chorus 3

*C   ***D**   ***G**   **Em**
  I wanna hold your hand, ____

*C   ***D**   **G**
  I wanna hold your hand.

Middle 2   As Middle 1

Verse 4

        G   **D**
Yeah, you got that something,

Em   **B⁷**
   I think you'll understand.

        G   **D**
When I feel that something,

Em   **B⁷**
   I wanna hold your hand.

Chorus 4

*C   ***D**   ***G**   **Em**
  I wanna hold your hand, ____

*C   ***D**   **B⁷**
  I wanna hold your hand,

*C   ***D**   ***C**   ***G**
  I wanna hold your hand.

I Want To Tell You

Words & Music by
George Harrison

Intro | A⁷ | A⁷sus⁴ | A⁷ | A⁷sus⁴ ||

Verse 1

     A
   I want to tell you,
                     B⁷
My head is filled with things to say.
E⁷♭9
   When you're here,
                        A⁷
All those words they seem to slip away.

Verse 2

     A
   When I get near you,
                  B⁷
The games begin to drag me down.
E⁷♭9
   It's alright,
                     A⁷
I'll make you maybe next time around.

Bridge 1

   Bm   **Bdim**   **A**
   But if I seem to act unkind,
          B⁷   **Bm**
It's only me, it's not my mind,
   Bdim   **A**   **Asus⁴**
   That is confusing things.

Verse 3

     A
   I want to tell you,
                   B⁷
I feel hung up and I don't know why.
E⁷♭9
   I don't mind, I could wait forever,
A⁷
I've got time.

Bridge 2

       Bm   **Bdim**   **A**
       Sometimes I wish I knew you well,

                B7   **Bm**
Then I could speak my mind and tell you,

Bdim   **A**   **Asus4**
       Maybe you'd understand.

Verse 4

       A
       I want to tell you,

                B7
I feel hung up and I don't know why.

E7♭9
       I don't mind, I could wait forever,

A7
I've got time, _____

I've got time, _____

I've got time. _____   *Fade out*

I Want You (She's So Heavy)

Words & Music by
John Lennon & Paul McCartney

Intro | Dm | Dm/F | E7♭9 | B♭7 | Aaug | N.C. ‖

Verse 1

        (Am7)
I want you,

I want you so bad,

I want you,

        Am7 **C**
I want you so bad, _____
    D   **F**
It's driving me mad,
     G   **Am7**
It's driving me mad.

      Dm7
I want you,

I want you so bad, babe,

I want you,

           F
I want you so bad, _____
    C   **B♭7**
It's driving me mad,
    G5 **G♯5** **A5**
It's dri-ving me mad.

Link | E7♭9 | E7♭9 N.C. | E7♭9 | E7♭9 N.C. | E7♭9 | E7♭9 N.C. ‖
(mad.)

© Copyright 1969 Northern Songs.
All Rights Reserved. International Copyright Secured.

Verse 2

Am7
I want you,

I want you so bad, babe,

I want you,

       C
I want you so bad, ____

  D   F
It's driving me mad,

   G   Am7
It's driving me mad.

     Dm7
I want you,

I want you so bad,

I want you,

       F
I want you so bad, ____

   C   B♭7
It's driving me mad,

   G5   G♯5   A5
It's dri-ving me…

Link

| E7♭9 | E7♭9   N.C. | E7♭9 | E7♭9   N.C. | E7♭9 | E7♭9   N.C. ‖

Chorus 1

  N.C.   Dm   Dm/F   E7♭9
She's so…

B♭7   Aaug
Heavy. _____

Dm   Dm/F   E7♭9   B♭7   Aaug
Heavy, (heavy, heavy.) _____

Solo

| Am7 | Am7 | Am7 | Am7 | Am7 | Am7 |

| Am7   C | D   F | G   Am7 | Am7   ‖

| Dm7 | Dm7 | Dm7 | Dm7 | Dm7 | Dm7 |

| Dm7   F | C   B♭ | G5   G♯5   A5 ‖

Link

| E7♭9 | E7♭9   N.C. | E7♭9 | E7♭9   N.C. | E7♭9 | E7♭9   N.C. ‖

Chorus 2

     N.C.   Dm   Dm/F   E7♭9
She's so...

B♭7   Aaug
Heavy. _____

        Dm   Dm/F E7♭9 B♭7 Aaug
She's so heavy, (heavy, heavy.) _____

Verse 3

       (Am7)
I want you,

I want you so bad,

I want you,

         Am7 C
I want you so bad, ____

    D   F
It's driving me mad,

     G   Am7
It's driving me mad.

      Dm7
I want you,

You know I want you so bad, babe,

I want you,

                    F
You know I want you so bad, ____

     C   B♭7
It's driving me mad,

   G5 G♯5 A5
It's dri-ving me mad.

Link

| E7♭9 | E7♭9 N.C. | E7♭9 | E7♭9 N.C. | E7♭9 | E7♭9 N.C. ||

She's so...

Coda

||: Dm | Dm/F | E7♭9 | B♭7 | Aaug :|| *Repeat until sudden end*

I've Got A Feeling

Words & Music by
John Lennon & Paul McCartney

Intro | A D/A | A D/A ||

Verse 1
    A   D/A A   D/A
I've got a feeling, a feeling deep inside,
           A D/A A   D/A
Oh yeah,   oh yeah, that's right.
    A   D/A A   D/A
I've got a feeling, a feeling I can't hide,
      A   D/A A D/A A
Oh no, no,   oh no,   oh no.
A7   E   G D
Yeah, ⸺ yeah,
N.C.   A   D/A A D/A
I've got a feeling, yeah!

Verse 2
    A   D/A   A   D/A
Oh, please believe me, I'd hate to miss the train,
    A D/A A D/A
Oh yeah, oh yeah.
    A   D/A   A   D/A
And if you leave me, I won't be late again,
      A D/A A D/A
Oh no, oh no, oh no.
A7   E   G D N.C.   A   D/A
Yeah, yeah!   I've got a feeling, yeah!
    A   D/A
I've got a feeling.

Bridge

E
All these years I've been wandering around,

G7
Wondering how come nobody told me

D7
All that I've been looking for was

                                         A7
Somebody who looked like you.

Link

| N.C. | N.C. ||

Verse 3

A   D/A   A   D/A
  I've got a feeling that keeps me on my toes,

    A   D/A   A   D/A
Oh yeah,   oh yeah.

A   D/A   A   D/A
  I've got a feeling, I think that everybody knows,

         A D/A   A   D/A A7
Oh yeah,   oh yeah,   oh yeah.

(A7)   E G D N.C.   A
  Yeah,yeah!   I've got a feeling, yeah!

Link

| (A) D/A | A   D/A ||

Verse 4

A   D/A
  Everybody had a hard year,

A   D/A
Everybody had a good time,

A   D/A
Everybody had a wet dream,

A   D/A
Everybody saw the sunshine,

    A
Oh yeah, (oh yeah,)

    D/A   A   D/A
Oh yeah, oh yeah.

Verse 5

A   D/A
Everybody had a good year,

A   D/A
Everybody let their hair down,

A   D/A
Everybody pulled their socks up,

A   D/A
Everybody put their foot down,

Link

| A⁷ G⁷/A G♯7/A | A⁷* G♯7/A G⁷/A |
(yeah.)

| A D/A | A D/A ‖

Verse 6

     A   D/A
    Everybody had a good year,

A   D/A
Everybody had a hard time,

A   D/A
Everybody had a wet dream,

A   D/A
Everybody saw the sunshine.

Verse 7

A   D/A
Everybody had a good year,

A   D/A
Everybody let their hair down,

A   D/A
Everybody pulled their socks up,

A   D/A
Everybody put their foot down,

Oh yeah.

Coda

| A⁷ G⁷/A G♯7/A | A⁷* G♯7/A G⁷/A |
(yeah.)   (I've got a feeling)

‖: A⁷ G⁷/A G♯7/A | A⁷* G♯7/A G⁷/A :‖
        (I've got a feeling)

I Will

Words & Music by
John Lennon & Paul McCartney

F   Dm   Gm7   C7   Am   F7

B♭   Am7   G7   B♭m   Fdim   D♭7

Verse 1

        F   Dm   Gm7   C7
Who knows how long I've loved you?
      F   Dm   Am
You know I love you still,
F7   B♭   C7   Dm   F
Will I wait a lonely lifetime?
        B♭   C7   F   Dm   Gm7   C7
If you want me to, I will.

Verse 2

      F   Dm   Gm7   C7
For if I ever saw you,
     F   Dm   Am
I didn't catch your name.
F7   B♭   C7   Dm   F
But it never really mattered
       B♭   C7   F   F7
I will always feel the same.

Middle

B♭   Am7   Dm
Love you forever and forever,
Gm7   C7   F   F7
Love you with all my heart,
B♭   Am7   Dm
Love you whenever we're together,
G7   C7
Love you when we're apart.

Verse 3

     F   **Dm** **Gm7**   **C7**
And when at last I find you,

     F   **Dm**   **Am**
Your song will fill the air.

F7   **B♭**   **C7**   **Dm**   **B♭m** **F**
Sing it loud so I can hear you,

     B♭ **C7**   **Dm**   **B♭m** **F**
Make it easy to be near you,

     B♭   **C7**
For the things you do

  Dm **B♭m** **F**   **Fdim**
Endear you   to me

Gm7   **C7**   **D♭7**
Oh, you know I will,

    F   **F7**
I will. ____

Coda | **B♭** **Am** | **Dm** | **Gm7** **C7** | **F**   ‖
        Ooo, _____   la. _____

I'll Be Back

Words & Music by
John Lennon & Paul McCartney

Intro | A | A ||

Verse 1
         Am   **G6**   **Fmaj7**
You know if you break my heart I'll go,
     E   **A**
But I'll be back again.
           Am   **G6**   **Fmaj7**
'Cause I told you once before goodbye,
     E   **A**
But I came back again.

Bridge 1
             F#m
I love you so,
                Bm
I'm the one who wants you,
               E
Yes I'm the one who wants you,
D   **E**   **D**   **E**
Oh - ho, oh - ho.

Verse 2
    Am   **G6**   **Fmaj7**
You could find better things to do,
       E   **A**
Than to break my heart again.
     Am   **G6**   **Fmaj7**
This time I will try to show you that I'm
     E   **A**
Not trying to pretend.

Bridge 2

Bm Bm(maj7) Bm7
I _____

                                         C♯m
Thought that you would realise,

            F♯m
That if I ran away from you,

         B7
That you would want me too,

         D   **E**
But I got a big surprise,

D   **E**   **D**   **E**
Oh - ho, oh - ho.

Verse 3

Am   **G6**   **Fmaj7**
You could find better things to do,

           E   **A**
Than to break my heart again.

        Am   **G6**   **Fmaj7**
This time I will try to show you that I'm

       E   **A**
Not trying to pretend.

Bridge 3

           F♯m
I wanna go,

              Bm
But I hate to leave you,

                 E
You know I hate to leave you,

D   **E**   **D**   **E**
Oh - ho, oh - ho.

Coda

Am   **G6**   **Fmaj7**
You, if you break my heart I'll go,

       E   **A**
But I'll be back again.

‖: **A** | **A** | **Am** | **Am**   :‖   *Repeat to fade*

I'll Cry Instead

Words & Music by
John Lennon & Paul McCartney

Intro | G   C6 ||

Verse 1
G   C6   G   C6
   I've got every reason
  G   C6 G   C6 G C6
On earth to be mad
       G   C6   G   C6 D7
'Cause I've just lost the only girl I had.
      C7
And if I could get my way,

I'd get myself locked up today,
     G   C6   D7   G   C6 G C6
But I can't, — so I'll cry Instead.

Verse 2
        G   C6
I've got a chip on my shoulder
      G   C6   G   C6 G C6
That's bigger than my feet.
G   C6 G   C6   D7
I can't talk to people that I meet.
    C7
If I could see you now,

I'd try to make you sad somehow,
     G   C6   D7   G   C6 G C6
But I can't, — so I'll cry instead.

Bridge 1

Bm
Don't want to cry when there's people there,

A7
I get shy when they start to stare.

D
I'm gonna lock myself away,

E7   **A**   **D**
But I'll come back again some day.

Verse 3

     G
And when I do,

C6 **G** **C6**   **G**   **C6** **G** **C6**
You better hide all the girls,

G   **C6**   **G**   **C6**   **D7**
I'm gonna break their hearts all round the world.

     C7
Yes, I'm gonna break them in two,

N.C.
Show you what your lovin' man can do,

     G   **D7** **G**   **C6** **G** **C6**
Until then I'll cry instead.

Bridge 2

Bm
Don't want to cry when there's people there,

A7
I get shy when they start to stare.

D
I'm gonna hide myself away,

E7   **A**   **D**
But I'll come back again some day.

Verse 4

     G
And when I do,

C6 **G** **C6**   **G**   **C6** **G** **C6**
You better hide all the girls,

G   **C6**   **G**   **C6**   **D7**
I'm gonna break their hearts all round the world.

     C7
Yes, I'm gonna break them in two,

N.C.
Show you what your lovin' man can do,

     G   **D7** **G**   **C6** **G**
Until then I'll cry instead.

I'll Follow The Sun

Words & Music by
John Lennon & Paul McCartney

Intro | C | F   C ||

Verse 1
      G   F
One day you'll look
  C   D
   To see I've gone,
      C   Em/B   D
For tomorrow may rain, so
     G   C F C
I'll follow the sun.

Verse 2
      G   F
Some day you'll know
  C   D
   I was the one,
       C   Em/B   D
But tomorrow may rain, so
     G   C   C7
I'll follow the sun.

Bridge 1
           Dm
And now the time has come
      Fm   C C7
And so my love I must go.
           Dm
And though I lose a friend
Fm   C Dm
In the end you will know, oh. ____

Verse 3

     G   F
One day you'll find

    C   D
    That I have gone,

        C   Em/B   D
But tomorrow may rain, so

      G   C   F   C
I'll follow the sun.

Solo

| G | F | C | D | ‖

        C   Em/B   D
Yes, tomorrow may rain, so

      G   C   C7
I'll follow the sun.

Bridge 2

                Dm
And now the time has come

        Fm   C   C7
And so my love I must go.

               Dm
And though I lose a friend

Fm   C   Dm
In the end you will know, oh. ____

Verse 4

     G   F
One day you'll find

    C   D
    That I have gone,

        C   Em/B   D
But tomorrow may rain, so

      G   C   F   C
I'll follow the sun.

I'll Get You

Words & Music by
John Lennon & Paul McCartney

D A G Bm Am E7

Intro

     D   **A**
Oh yeah, oh yeah,
     D   **A**
Oh yeah, oh yeah.

Verse 1

  D
Imagine I'm in love with you,
  G   **A**
It's easy 'cause I know.
     D   **Bm**
I've imagined I'm in love with you
G   **A**
Many, many, many times before.
       D   **Am**
It's not like me to pretend,
        D   **Bm**
But I'll get you, I'll get you in the end,
    G   **A**
Yes I will, I'll get you in the end,
     D   **A**
Oh yeah, oh yeah.

Verse 2

  D
I think about you night and day,
  G   **A**
I need you and it's true,
     D   **Bm**
When I think about you, I can say,
    G   **A**
I'm never, never, never, never blue.
      D   **Am**
So I'm telling you, my friend,
      D   **Bm**
That I'll get you, I'll get you in the end,

cont.
            G   **A**
Yes I will, I'll get you in the end,
           D   **A**
Oh yeah, oh yeah.

Bridge 1
                            G
Well there's gonna be a time,
                  D
When I'm gonna change your mind,
            E⁷   **A**
So you might as well resign yourself to me,

Oh yeah.

Verse 3
            D
Imagine I'm in love with you,
            G   **A**
It's easy 'cause I know.
              D   **Bm**
I've imagined I'm in love with you
G   **A**
Many, many, many times before.
              D   **Am**
It's not like me to pretend,
              D   **Bm**
But I'll get you, I'll get you in the end,
            G   **A**
Yes I will, I'll get you in the end,
           D   **A**
Oh yeah, oh yeah,
           D   **A**   **D**
Oh yeah, oh yeah, oh yeah.

I'm A Loser

Words & Music by
John Lennon & Paul McCartney

Am   D   Fmaj⁷   G   Fadd⁹   Em

Intro

     Am D
I'm a lo - ser,
     Am D
I'm a lo - ser,
       Am   **Fmaj⁷ D**
And I'm not what I appear to be.

Verse 1

G   **D**   **Fadd⁹**   **G**
  Of all the love I have won or have lost,
      D   **Fadd⁹** **G**
There is one love I should never have crossed.
     D   **Fadd⁹**   **G**
She was a girl in a million, my friend,
       D   **Fadd⁹** **G**
I should have known she would win in the end.

Chorus 1

     Am D
I'm a lo - ser,
     Am   **D**
And I lost someone who's near to me,
     G **Em**
I'm a lo - ser,
      Am   **Fmaj⁷ D**
And I'm not what I appear to be.

Verse 2

G Although I laugh and I act like a clown,
      D   **Fadd⁹** **G**
Beneath this mask I am wearing a frown.
     D   **Fadd⁹**   **G**
My tears are falling like rain from the sky,
     D **Fadd⁹**   **G**
Is it for her or myself that I cry?

Chorus 2

       Am D
I'm a lo - ser,

        Am   **D**
And I lost someone who's near to me,

      G   **Em**
I'm a lo - ser,

          Am   **Fmaj7 D**
And I'm not what I appear to be.

Solo

‖: **G** | **D** | **Fadd9** | **G** | :‖

| **Am** | **D** | **Am** | **D** |

| **G** | **Em** | **Am** | **Fmaj7 D** ‖

Verse 3

   G   **D**   **Fadd9**   **G**
What have I done to deserve such a fate?

     D   **Fadd9** **G**
I realise I have left it too late.

         D   **Fadd9** **G**
And so it's true, pride comes before a fall,

         D   **Fadd9**   **G**
I'm telling you so that you won't lose all.

Chorus 3

       Am D
I'm a lo - ser,

        Am   **D**
And I lost someone who's near to me,

      G   **Em**
I'm a lo - ser,

          Am   **Fmaj7 D**
And I'm not what I appear to be.

Solo

‖: **G** | **D** | **Fadd9** | **G** | :‖

| **Am** | **D** | **Am** | **D** |

| **G** | **Em** | *Fade out*

I'm Down

Words & Music by
John Lennon & Paul McCartney

G   C7   D7

Verse 1

N.C.
You tell lies thinkin' I can't see,

G N.C.
You can't cry 'cause you're laughing at me.

Chorus 1

C7
I'm down, (I'm really down,)

G
I'm down, (down on the ground,)

C7
I'm down, (I'm really down,)

D7   G N.C.
How can you laugh when you know I'm down?

D7   G N.C.
(How can you laugh) when you know I'm down?

Verse 2

G N.C.
Man buys ring, woman throws it away,

G N.C.
Same old thing happen every day.

Chorus 2

C7
I'm down, (I'm really down,)

G
I'm down, (down on the ground,)

C7
I'm down, (I'm really down,)

D7   G N.C.
How can you laugh when you know I'm down?

D7   G N.C.
(How can you laugh) when you know I'm down?

Solo

| (G) | (G) | (G) | (G) | C7 | C7 |

Guitar

| G | G | D7 | D7 | G | G |

Verse 3

G   N.C.
We're all alone and there's nobody else,

G   N.C.
You still moan, keep your hands to yourself.

Chorus 3

       C7
I'm down, (I'm really down,)

       G
I'm down, (down on the ground,)

       C7
I'm down, (I'm really down,)

D7   G   N.C.
How can you laugh when you know I'm down?

D7   G   N.C.
(How can you laugh) when you know I'm down?

Solo 2

| G | G | G | G | C7 | C7 | |
Keyboard
| G | G | D7 | C7 | G | D7 | ||

Coda

                                 G
||: Oh babe, you know I'm down, (I'm really down,)

Oh yes I'm down, (I'm really down,)

                     C7
I'm down on the ground, (I'm really down,)

       G
I'm down, (I'm really down,)

                    D7   C7
Ah, baby, I'm upside   down.

           G   D7
Oh yeah, yeah, yeah, yeah, yeah. :|| *Repeat ad lib. to fade*

I'm Happy Just To Dance With You

Words & Music by
John Lennon & Paul McCartney

Intro | C♯m | F♯m G♯ | C♯m | F♯m G♯ ‖

Chorus 1

       C♯m
Before this dance is through,

       F♯m   **G♯**
I think I'll love you too,

    A6   **B6**   **E6** **B7**
I'm so happy when you dance with me.

Verse 1

      E   **G♯m**   **F♯m**   **B**
I don't wanna kiss or hold your hand,

      E   **G♯m F♯m** **B**
If it's funny, try and understand.

         A   **F♯m**   **E*****C♯m**
There is really nothing else I'd rather do,

         A   **Baug**   **E**   **B7**
'Cause I'm happy just to dance with you.

Verse 2

      E   **G♯m**   **F♯m**   **B**
I don't need to hug or hold you tight,

      E   **G♯m** **F♯m** **B**
I just wanna dance with you all night.

        A   **F♯m**   **E*****C♯m**
In this world there's nothing I would rather do,

         A   **Baug**   **E**
'Cause I'm happy just to dance with you.

Bridge 1

       C♯m   **F♯m G♯**
Just to dance with you

   C♯m   **F♯m G♯**
Is everything I need.

           C♯m
Before this dance is through,

          F♯m   **G♯**
I think I'll love you too,

       A6   **B6**   **E6** **B7**
I'm so happy when you dance with me.

Verse 3

          E   **G♯m**   **F♯m**   **B**
If somebody tries to take my place,

          E   **G♯m**   **F♯m**   **B**
Let's pretend we just can't see his face.

       A   **F♯m**   **E*** **C♯m**
In this world there's nothing I would rather do,

        A   **Baug**   **E**
'Cause I'm happy just to dance with you.

Bridge 2   As Bridge 1

Verse 4

          E   **G♯m**   **F♯m**   **B**
If somebody tries to take my place,

          E   **G♯m**   **F♯m**   **B**
Let's pretend we just can't see his face.

       A   **F♯m**   **E** **C♯m**
In this world there's nothing I would rather do,

       A   **Baug**   **C♯m**
I've discovered I'm in love with you.

F♯m G♯
Oh - oh,

       A   **Baug**   **C♯m**
'Cause I'm happy just to dance with you.

F♯m G♯
Oh - oh,

A6 B6
Oh - oh,

E6
Oh!

I'm Looking Through You

Words & Music by
John Lennon & Paul McCartney

Capo first fret

Intro

| G* | Gmaj⁹ | G   C | G   C | G   C |

Verse 1

G   C   G/B Am   Em   D
I'm look-ing through you,   where did you go?

G C   G/B Am   Em   D
I thought I   knew you,   what did I know?

Em⁷   Asus⁴ Am   G   C   D
You don't look differ - ent, but you have changed,

G   C   G/B Am   C   G   C
I'm look-ing through you,   you're not the same.

| G   C | G   C |

Verse 2

G   C   G/B Am   Em   D
Your lips are   moving, I cannot hear,

G   C   G/B Am   Em   D
Your voice is   soothing, but the words aren't clear.

Em⁷   Asus⁴ Am   G   C D
You don't sound differ - ent, I've learnt the game,

G   C   G/B Am   C   G   C
I'm look-ing through you,   you're not the same.

| G   C | G   C | G   ‖

Bridge 1

C   G
Why, tell me why did you not treat me right?

C   Dsus⁴   D
Love has a nasty habit of disappearing overnight.

Verse 3

```
        G      C    G/B Am    Em            D
        You're think-ing  of me   the same old way,
        G     C    G/B Am       Em         D
        You were a  -  bove me,  but not today.
        Em7         Asus4 Am    G      C    D
        The only differ - ence is you're down there,
        G      C   G/B Am         C            G     C
        I'm look-ing  through you   and you're nowhere.
```

```
| G   C  | G   C  | G        ||
```

Bridge 2

```
        C                        G
        Why, tell me why did you not treat me right?
        C                  Dsus4       D
        Love has a nasty habit of disappearing overnight.
```

Verse 4

```
        G      C    G/B  Am    Em             D
        I'm look-ing through you,   where did you go?
        G  C     G/B Am     Em         D
        I thought I    knew you,   what did I know?
        Em7          Asus4 Am    G   C   D
        You don't look differ - ent, but you have changed,
        G      C   G/B Am        C           G     C
        I'm look-ing  through you,  you're not the same.
```

Outro

```
        G        C        G      C
        Yeah! Well, baby, you've changed.
        G    C        G      C
        Ah,  I'm looking through you,
        G    C        G         C  G  C
        Yeah,  I'm looking through you.        Fade out
```

I'm Only Sleeping

Words & Music by
John Lennon & Paul McCartney

Tune guitar down one semitone

Verse 1

Em   Am
When I wake up early in the morning,

G C G B7
Lift my head, I'm still yawning.

Em   Am
When I'm in the middle of a dream,

G C G C
Stay in bed, float upstream.

(Float upstream.)

Chorus 1

G   Am
Please don't wake me, no, don't shake me,

Bm   Am   Cmaj7
Leave me where I am, I'm only sleeping.

Verse 2

Em   Am
Everybody seems to think I'm lazy,

G C G   B7
I don't mind, I think they're crazy.

Em   Am
Running everywhere at such a speed,

G C G   C
Till they find there's no need.

(There's no need.)

Chorus 2

G   Am   Bm
Please don't spoil my day, I'm miles away,

    Am   Cmaj7 Em
And after all, I'm only sleeping.

Bridge 1

Dm   E⁷   Am   Am/G
Keeping an eye on the world going by my window,

F
Taking my time,

E⁷   Am
Lying there and staring at the ceiling,

G   C   G   B⁷
Waiting for a sleepy feeling.

Solo

| Em | Am | G   C | G   C | C   ‖

Chorus 3

G   Am   Bm
Please don't spoil my day, I'm miles away,

          Am   Cmaj⁷   Em
And after all, I'm only sleeping.

Bridge 2

Dm   E⁷   Am   Am/G
Keeping an eye on the world going by my window,

F
Taking my time.

Verse 3

E⁷   Am
When I wake up early in the morning,

G   C   G   B⁷
Lift my head, I'm still yawning.

Em   Am
When I'm in the middle of a dream,

G   C   G   C
Stay in bed, float upstream.

(Float upstream.)

Chorus 4

G   Am
Please don't wake me, no, don't shake me,

Bm   Am   Cmaj⁷   Em
Leave me where I am, I'm only sleeping.

I'm So Tired

Words & Music by
John Lennon & Paul McCartney

[Chord diagrams: A (fr5), G♯7 (fr4), D, E7, F♯m, Eaug (fr5), Dm, E]

Verse 1

    A G♯7   **D**   **E7**
I'm so tired, I haven't slept a wink,

    A F♯m D   **E7**
I'm so tired,   my mind is on the blink.

   A   **Eaug**
I wonder should I get up

    F♯m   **Dm**
And fix myself a drink?

No, no, no.

Verse 2

    A **G♯7**   **D**   **E7**
I'm   so tired, I don't know what to do,

    A **F♯m** **D**   **E7**
I'm   so   tired,   my mind is set on you.

   A   **Eaug**
I wonder should I call you,

    F♯m   **Dm**
But I know what you would do.

Chorus 1

 A
You'd say I'm putting you on,

But it's no joke, it's doing me harm,

    E
You know I can't sleep, I can't stop my brain,

You know it's three weeks, I'm going insane,

    D
You know I'd give you everything I've got

     A
For a little peace of mind.

Verse 3

        A **G♯7**   **D**   **E7**
I'm so tired, I'm feeling so upset,

     A   **F♯m**   **D**   **E7**
Although I'm so tired, I'll have another cigarette,

     A   **Eaug**
And curse Sir Walter Raleigh,

     F♯m   **Dm**
He was such a stupid get.

Chorus 2

    A
You'd say I'm putting you on,

But it's no joke, it's doing me harm,

      E
You know I can't sleep, I can't stop my brain,

You know it's three weeks, I'm going insane,

      D
You know I'd give you everything I've got

          A
For a little peace of mind.

Coda

     D
I'd give you everything I've got

       A
For a little peace of mind.

     D
I'd give you everything I've got

       A
For a little peace of mind.

I've Just Seen A Face

Words & Music by
John Lennon & Paul McCartney

Intro

| F♯m | F♯m | F♯m | F♯m | D | |

| D | D | D | E | E | ||

Verse 1

A
I've just seen a face,

                                                F♯m
I can't forget the time or place where we just met,

She's just the girl for me

                          F♯m7   D
And I want all the world to see we've met.

       E   A
Mm mm mm mm-mm mm.

Verse 2

A
Had it been another day

I might have looked the other way

    F♯m
And I'd have never been aware,

                F♯m7 D
But as it is I'll dream of her tonight,

       E   A
Da da da da-da da.

Chorus 1

E   D
Falling, yes I am falling,

          A   D   A
And she keeps calling   me back again.

Verse 3

    A
I have never know the like of this,

I've been alone and I have
F♯m
Missed things and kept out of sight,
             F♯m7   **D**
But other girls were never quite like this,
    E   **A**
Da da da da-da da.

Chorus 2   As Chorus 1

Solo

| A | A | A | A | F♯m | F♯m |
| F♯m | F♯m F♯m7 | D | D | E | A |

Chorus 3
E7   **D**
Falling, yes I am falling,
        A   **D**   **A**
And she keeps calling me back again.

Verse 4
A
I've just seen a face,

                    F♯m
I can't forget the time or place where we just met,

She's just the girl for me
            F♯m7   **D**
And I want all the world to see we've met.
    E   **A**
Mm mm mm, da-da da.

Chorus 4   As Chorus 1

Chorus 5   As Chorus 1

Coda
    E   **D**
Oh, falling, yes I am falling,
        A   **D**   **E A**
And she keeps calling me back again.

If I Fell

Words & Music by
John Lennon & Paul McCartney

Intro

    D#m
If I fell in love with you,

       D*
Would you promise to be true

   C#   **A#m7**
And help me understand?

       D#m
'Cause I've been in love before,

     D*
And I found that love was more

   Em7   **A**
Than just holding hands.

Verse 1

   D **Em7 F#m7**   **Em7**
If I give my   heart to you,

   A
I must be sure

      D **Em7 F#m7**   **Em7**
From the ve-ry   start, that you

      A   **D**   **Gm7** **A**
Would love me more than her.

Verse 2

   D **Em7 F#m7**   **Em7**
If I trust in   you, oh please,

     A
Don't run and hide.

   D **Em7 F#m7**   **Em7**
If I love you   too, oh please

     A   **D7**
Don't hurt my pride like her.

Bridge 1

  (D7)   G
'Cause I couldn't stand the pain

        Gm7   D
And I, would be sad if our new love

        A
Was in vain.

Verse 3

          D   Em7 F♯m7   Em7
So I hope you see that I

        A
Would love to love you,

  D   Em7 F♯m7   Em7
And that   she will cry

         A   D7
When she learns we are two.

Bridge 2

  (D7)   G
'Cause I couldn't stand the pain

        Gm7   D
And I, would be sad if our new love

        A
Was in vain.

Verse 4

          D   Em7 F♯m7   Em7
So I hope you see that I

        A
Would love to love you,

  D   Em7 F♯m7   Em7
And that   she will cry

         A   D
When she learns we are two.

        Gm7   D   Gm7 D
If I fell in love with you.

If I Needed Someone

Words & Music by
George Harrison

Intro | A7 | A7 | A7 | A7 ‖

Verse 1
A
If I needed someone to love,
                                          G/A
You're the one that I'd be thinking of,
              A7
If I needed someone.

Verse 2
A
If I had more time to spend,
                                          G/A
Then I guess I'd be with you, my friend,
              A7
If I needed someone.

Bridge 1
Em   F♯7
Had you come some other day,
                              Bm
Then it might not have been like this,
Em   F♯7   Bm   E7sus4 E7
But you see now I'm too much in love.

Verse 3
A
Carve your number on my wall,
                                          G/A
And maybe you will get a call from me,
              A7
If I needed someone.

Solo | A | A | A | A |
          | G/A | G/A | A7 | A7 ‖

Verse 4

A
If I had more time to spend,

                                       G/A
Then I guess I'd be with you, my friend,

           A7
If I needed someone.

Bridge 2

Em   **F♯7**
Had you come some other day,

                                Bm
Then it might not have been like this,

Em   **F♯7**   **Bm**   **E7sus4** **E7**
But you see now I'm too much in love.

Verse 5

A
Carve your number on my wall,

                                 G/A
And maybe you will get a call from me,

           A7
If I needed someone.

Coda

A7   **A**
Ah, _____ ah. _____

If You've Got Trouble

Words & Music by
John Lennon & Paul McCartney

Intro | Drums for 2 bars || E7 | E7 ||

Verse 1

E7   B7sus4   E7
If you've got trouble then you've got less trouble than me.

                  B7sus4   E7
You say you're worried, you can't be as worried as me.

A7   B7sus4
You're quite content to be bad,

A7   B7sus4
With all the advantage you had over me,

E7   B7sus4   E7
Just 'cause you're troubled, then don't bring your troubles to me.

Verse 2

           E7   B7sus4   E7
I don't think it's funny when you ask for money and things.

                          B7sus4   E7
Especially when you're standing there wearing diamonds and rings.

A7   B7sus4
You think I'm soft in the head

        A7   B7sus4
Well try someone softer instead, pretty thing,

E7   B7sus4   E7
It's not so funny when you know what money can bring.

Bridge 1

A   E
   You better leave me alone,

A   E   B   E
I don't need a thing from you,

A   E
   You better take yourself home,

A   E   B   E
Go and count a ring or two.

Verse 3

E7   B7sus4   E7
If you've got trouble then you've got less trouble than me.

                          B7sus4   E7
You say you're worried, you can't be as worried as me.

A7   B7sus4
You're quite content to be bad,

A7   B7sus4
With all the advantage you had over me,

E7   B7sus4   E7
Just 'cause you're troubled, then don't bring your troubles to me.

(Oh rock on, anybody!)

Solo

| E | E | E | E | A7 | A7 |

| E | E | B7 | A7 | E | E   ‖

Bridge 2

A   E
  You better leave me alone,

A   E   B   E
I don't need a thing from you,

A   E
  You better take yourself home,

A   E   B   E
Go and count a ring or two.

Verse 4

E7   B7sus4   E7
If you've got trouble then you've got less trouble than me.

                          B7sus4   E7
You say you're worried, you can't be as worried as me.

A7   B7sus4
You're quite content to be bad,

A7   B7sus4
With all the advantage you had over me,

E7   B7sus4   E7
Just 'cause you're troubled, then don't bring your troubles to me,

E7   B7sus4   E7   E
Just 'cause you're troubled, then don't bring your troubles to me.

In My Life

Words & Music by
John Lennon & Paul McCartney

Intro | A | E | A | E   ‖

Verse 1
         A   E   F♯m   A7/G
There are places I remember
       D   Dm   A
All my life, ___ though some have changed,
         A   E   F♯m   A7/G
Some forever, not for better,
           D   Dm   A
Some have gone ___ and some remain.

Bridge 1
           F♯m   D
All these places had their moments,
       G   A
With lovers and friends I still can recall,
        F♯m   B
Some are dead and some are living,
   Dm7   A
In my life I've loved them all.

Link | A | E   ‖

Verse 2
        A   E   F♯m   A7/G
But of all these friends and lovers,
          D Dm   A
There is no-one compares with you,
         A   E   F♯m   A7/G
And these memories lose their meaning
       D   Dm   A
When I think of love as something new.

Bridge 2

      F#m   D
Though I know I'll never lose affection
     G   A
For people and things that went before,
    F#m   B
I know I'll often stop and think about them,
    Dm⁷   A
In my __ life I love you more.

Solo   ‖: A E | F#m A⁷/G | D Dm | A   :‖

Bridge 3

      F#m   D
Though I know I'll never lose affection
     G   A
For people and things that went before,
    F#m   B
I know I'll often stop and think about them,
    Dm⁷   A
In my __ life I love you more.

Coda | A | E | Dm⁷ N.C. A
            In my __ life I love you more.

      | E | A ‖

191

In Spite Of All The Danger

Words & Music by
Paul McCartney & George Harrison

E   **B7**   **E7**   **A**

Intro | (E) ||

Verse 1

    B7   **E**
In spite of all the danger,

In spite of all that may be,
E7   **A**
I'll do anything for you,
                 B7
Anything you want me to,
            E A E
If you'll be true to me.

Verse 2

            E
In spite of all the heartache

That you may cause me,
E7   **A**
I'll do anything for you,
             B7
Anything you want me to,
         E A E E7
If you'll be true to me.

Bridge

     A   **E**   **E7**
I'll look after you like I've never done before,
     A   **B7**   **N.C.**
I'll keep all the others from knocking at your door.

Verse 3

    N.C.   **E**
    In spite of all the danger,

In spite of all that may be,

E7   **A**
    I'll do anything for you,

                  B7
Anything you want me to,

            E A E
If you'll be true to me.

Solo

| E | E | E | E7 | A | A | |
| E | E | B7 | A | E | B7 | ‖ |

Verse 4

                E
In spite of all the heartache

That you may cause me,

E7   **A**
    I'll do anything for you,

                  B7
Anything you want me to,

            E A E E7
If you'll be true to me.

Coda

                A
I'll do anything for you,

                B7
Anything you want me to,

            E A E
If you'll be true to me.

It Won't Be Long

Words & Music by
John Lennon & Paul McCartney

Chorus 1

              C#m
It won't be long, yeah, yeah, yeah,

              E
It won't be long, yeah, yeah, yeah,

              C#m
It won't be long, yeah,

    A   **A7(♭9)** **E**
Till I belong to you.

Verse 1

  (E)   **C**   **E**
Every night when everybody has fun,

             C   **E**
Here am I sitting all on my own.

Chorus 2   As Chorus 1

Bridge 1

             E   **D#aug**
Since you left me I'm so alone,

           D6   **C#7**
Now you're coming, you're coming on home,

A   **B**
I'll be good like I know I should,

          F#m   **B**
You're coming home, you're coming home.

Verse 2

E   **C**   **E**
Every night the tears come down from my eyes,

           C   **E**
Every day I've done nothing but cry.

Chorus 3

        C#m
It won't be long, yeah, yeah, yeah,

        E
It won't be long, yeah, yeah, yeah,

        C#m
It won't be long, yeah,

    A **A7(♭9)** **E**
Till I belong to you.

Bridge 2

          E   **D#aug**
Since you left me I'm so alone,

        D6   **C#7**
Now you're coming, you're coming on home,

A   **B**
I'll be good like I know I should,

       F#m   **B**
You're coming home, you're coming home.

Verse 3

       E   **C**   **E**
So, every day we'll be happy I know,

           C   **E**
Now I know that you won't leave me no more.

Chorus 4

        C#m
It won't be long, yeah, yeah, yeah,

        E
It won't be long, yeah, yeah, yeah,

        C#m
It won't be long, yeah,

    A   **N.C.**   **G6** **F#7** **Fmaj7** **Emaj7**
Till I belong to you. _____

195

It's All Too Much

Words & Music by
George Harrison

| C | G | Gadd9 | C/G |

Intro ‖: C G | Gadd9 G | C G Gadd9 | G :‖ *Play 3 times*

‖: C/G G | Gadd9 G | C/G G Gadd9 | G :‖

It's all too much. __

Verse 1

G
When I look into your eyes,

Your love is there for me.

And the more I go inside,

The more there is to see.

Chorus 1

  C/G   G   Gadd9 G
It's all too much for me to take,

  C/G   G   Gadd9 G
The love that's shining all   a - round you.

C/G G   Gadd9   G
Everywhere, it's what you make,

  C/G G
For us to take,

  Gadd9 G
It's all too much.

Verse 2

G
Floating down the stream of time

From life to life with me.

Makes no difference where you are,

Or where you'd like to be.

Chorus 2

      C/G   G   Gadd9 G
It's all too much for me to take,

        C/G   G   Gadd9 G
The love that's shining all   a - round here.

C/G   G   Gadd9   G
All the world is birthday cake,

      C/G G
So take a piece,

      Gadd9 G
But not too much.

Play 4 times

Solo   ‖: C/G G | Gadd9 G | C/G G Gadd9 | G   :‖   G |

Verse 3

G
Sail me on a silver sun

Where I know that I'm free.

Show me that I'm everywhere,

And get me home for tea.

Chorus 3

      C/G   G   Gadd9 G
It's all too much for me to   see,

      C/G   G   Gadd9 G
The love that's shining all   a - round here.

      C/G   G   Gadd9 G
The more I learn, the less I   know,

      C/G   G
And what I do,

      Gadd9 G
Is all too   much.

Chorus 4

      C/G   G   Gadd9 G
It's all too much for me to   take,

      C/G   G   Gadd9 G
The love that's shining all   a - round you.

C/G G   Gadd9   G
Everywhere, it's what you make,

      C/G G
For us to take,

      Gadd9 G
It's all too   much.

Outro

| C/G   G | Gadd⁹ G | C/G G   Gadd⁹ | G | |
                It's too much,   Ah, _____

| C/G   G | Gadd⁹ G | C/G G   Gadd⁹ | G ||
                It's too much,

‖: C/G   G | Gadd⁹ G | C/G G   Gadd⁹ | G :‖

         C/G   G
With your long blonde hair
         Gadd⁹   G
And your eyes of blue…

| C/G G   Gadd⁹ | G |
         C/G   G
With your long blonde hair
         Gadd⁹   G
And your eyes of blue…

| C/G G   Gadd⁹ | G |

| C/G   G | Gadd⁹ G | C/G G Gadd⁹ | G |
You're too much,   ah. __

‖: C/G G | Gadd⁹ G | C/G G   Gadd⁹ | G :‖

‖: C/G G   Gadd⁹ G :‖ *Repeat ad lib. to fade*
Too   much, too   much.

Long Long Long

Words & Music by
George Harrison

Capo third fret

Intro | Em G | Em D | A ‖

Verse 1
               G   F♯m Em   D   Em/G D
It's been a long, long,   long time.
A   Em   D A
How could I ever have lost you,
Em   D   A
  When I   loved you?
               G   F♯m Em D   Em/G D
It took a long, long, long time.
A   Em   D A
Now I'm so happy I found you,
Em   D   A   A7
  How I love you.

Bridge 1
G   D   A   Em
So many tears I was searching,
G   D   A   Em G   A
  So many tears I was wasting, oh, oh!

Verse 2
              G F♯m Em D   Em/G D
Now I can see you,   be you.
A   Em   D A
How can I ever misplace you?
Em   D   A   Em   D A
  How I want you,   how I love you.
Em   D   A
  You know that I need you.
Em   D   A
  Oh, I love you.

Coda | (A) | (A) | (Asus⁴) | (Asus⁴) ‖
                                 Ah. _____

It's Only Love

Words & Music by
John Lennon & Paul McCartney

G   Em   Bm   F

C   Dsus4   D   Dsus2   Daug

Capo fifth fret

Intro

| G | Em | G | Em |

Verse 1

G   Bm   F   C   Dsus4 D Dsus2 D
I get high when I see you go by,

Daug
My oh my,

G   Bm   F   C   Dsus4 D Dsus2 D
When you sigh my, my inside just flies,

Daug
Butterflies.

C   D   G   Em
Why am I so shy when I'm beside you?

Chorus 1

        F   D
It's only love and that is all,

        G   Em
Why should I feel the way I do?

        F   D
It's only love and that is all,

        C   D
But it's so hard loving you. _____

Verse 2

    G **Bm**   **F**   **C**   **Dsus⁴ D Dsus² D**
Is it right that you and I should fight

Daug
Every night?

G   **Bm**   **F**   **C**   **Dsus⁴ D Dsus² D**
Just the sight of you makes night time bright,

Daug
Very bright.

C   **D**   **G**   **Em**
Haven't I the right to make it up, girl?

Chorus 2

          F   **D**
It's only love and that is all,

         G   **Em**
Why should I feel the way I do?

         F   **D**
It's only love and that is all,

        C   **D**
But it's so hard loving you,

        C   **D**
Yes it's so hard loving you,

      G **Em** **G** **Em**
Loving you. _____

Coda | **G** | **Em** | **G**   ‖

Julia

Words & Music by
John Lennon & Paul McCartney

C   Am7   Em   G   Gm7   Gm9   A7   F9
Fm7   Bm   Am6   Em7   Em6   Em aug   Em*   Cmaj7

Capo second fret

Chorus 1

C   Am7   Em
Half of what I say is meaningless,

C   Am7   Em G C
But I say it just to reach you, Ju - lia.

Verse 1

C   Am7 Gm7   Gm9 A7   F9   Fm7
Ju - lia, Ju - lia,   ocean child, calls me,

C   Am7   Em G C
So I sing a song of love, Ju - lia.

Verse 2

C   Am7 Gm7   Gm9 A7   F9   Fm7
Ju - lia,   sea-shell eyes, windy smile, calls me,

C   Am7   Em G C
So I sing a song of love, Ju - lia.

Bridge

Bm   C
     Her hair of floating sky is shimmering,

Am7   Am6
Glimmering

Em7 Em6 Em aug Em*
In the sun. _____

Verse 3

C   Am7 Gm7   Gm9 A7   F9   Fm7
Ju - lia, Ju - lia,   morning moon, touch me,

C   Am7   Em G C
So I sing a song of love, Ju - lia.

Chorus 2

      C   **Am⁷**   **Em**

C   **Am⁷**   **Em** **Em**

When I cannot sing my heart,

C   **Am⁷**   **Em G C**

I can only speak my mind, Ju - lia.

Verse 4

C   **Am⁷ Gm⁷**   **Gm⁹ A⁷**   **F⁹**   **Fm⁷**

Ju - lia,   sleeping sand, silent cloud, touch me,

C   **Am⁷**   **Em G C Am⁷**

So I sing a song of love, Ju - lia.

Coda

Gm⁷   **Gm⁹**   **A⁷**

Mm, _____

F⁹   **Fm⁷**

Calls me,

C   **Am⁷**

So I sing a song of love

     Em   **C**

For Ju - lia,

Em   **C**

Ju - lia,

Em G Cmaj⁷

Ju - lia.

Lady Madonna

Words & Music by
John Lennon & Paul McCartney

Intro |A　D |A　D |A　D |F　G　A ‖

Verse 1
　　　　　　A　　　　D　　A　　　　　　　D
Lady Madonna, children at your feet,
　　　　　　A　　　　　　　D　　　　　F　G　A
Wonder how you manage to make ends meet.
　　　　　　　　　　　D　　　A　　　　　　D
Who finds the money when you pay the rent?
　　　　A　　　　　　　D　　　　　F　G　A
Did you think that money was heaven sent?

Bridge 1
　　　　Dm7　　　　　　　　　　　　G7
Friday night arrives without a suitcase,
　　　　C　　　　　　　　　　　　　　　Am7
Sunday morning, creeping like a nun.
　　　　Dm7　　　　　　　　　　　　　G7
Monday's child has learned to tie his bootlace.
　　　　C　Bm7　　　E7sus4　E7
See how they run. _____

Verse 2
　　　　　　A　　　　D　　A　　　　　D
Lady Madonna, baby at your breast,
　　　　　　A　　　　　　D　　　　F　G　A
Wonder how you manage to feed the rest.

Link |A　D |A　D |A　D |F　G　A ‖

Solo | **Dm7** | **G7** | **C** | **Am7** | **Dm7** | **G7** ||

C   **Bm7**   **E7sus4** **E7**
See how they run. _____

Verse 3

A   **D**   **A**   **D**
Lady Madonna, lying on the bed,

A   **D**   **F**   **G**   **A**
Listen to the music playing in your head.

Link | **A**   **D** | **A**   **D** | **A**   **D** | **F** **G** **A** ||

Bridge 2

Dm7   **G7**
Tuesday afternoon is never-ending,

C   **Am7**
Wednesday morning, papers didn't come.

Dm7   **G7**
Thursday night, your stockings needed mending:

C   **Bm7**   **E7sus4** **E7**
See how they run. _____

Verse 4

A   **D**   **A**   **D**
Lady Madonna, children at your feet,

A   **D**   **F**   **G**   **A*** **Asus2/4** **Adim** **A***
Wonder how you manage to make ends meet. _____

Coda | **A*** **Asus2/4** | **Adim** **Asus2/4** **A** ||

205

Let It Be

Words & Music by
John Lennon & Paul McCartney

C   G   Am   Fmaj⁷   F⁶   F   C/G

Intro | C G | Am Fmaj⁷ F⁶ | C G | F C ||

Verse 1
           C   G
When I find myself in times of trouble,
Am   Fmaj⁷   F⁶
Mother Mary comes to me,
C   G   F C
Speaking words of wisdom, let it be.

          C   G
And in my hour of darkness
           Am   Fmaj⁷   F⁶
She is standing right in front of me,
C   G   F C
Speaking words of wisdom, let it be.

Chorus 1
          Am   C/G   F   C
Let it be, let it be, let it be, let it be,
                   G   F C
Whisper words of wisdom, let it be.

Verse 2
          C   G
And when the broken hearted people
Am   Fmaj⁷   F⁶
Living in the world agree,
C   G   F C
There will be an answer, let it be.

          C   G
For though they may be parted there is
Am   Fmaj⁷   F⁶
Still a chance that they will see.
C   G   F C
There will be an answer, let it be.

Chorus 2

    Am **C/G** **F**   **C**
Let it be, let it be, let it be, let it be,
           G   **F C**
There will be an answer, let it be.
    Am **C/G** **F**   **C**
Let it be, let it be, let it be, let it be,
           G   **F C**
Whisper words of wisdom, let it be.

| **F**   **C** | **G F C** | **F**   **C** | **G F C** |

Solo 𝄓 **C**   **G** | **Am**   **F** | **C**   **G** | **F**   **C** :𝄔

Chorus 3

    Am **C/G** **F**   **C**
Let it be, let it be, let it be, let it be,
          G   **F C**
Whisper words of wisdom, let it be.

Verse 3

     C   **G**
And when the night is cloudy,
     Am   **Fmaj7**   **F6**
There is still a light that shines on me,
C   **G**   **F C**
Shine until tomorrow, let it be.
 C   **G**
I wake up to the sound of music,
Am   **Fmaj7**   **F6**
Mother Mary comes to me,
C   **G**   **F C**
Speaking words of wisdom, let it be.

Chorus 4

    Am **C/G** **F**   **C**
Let it be, let it be, let it be, let it be,
          G   **F C**
There will be an answer, let it be.
    Am **C/G** **F**   **C**
Let it be, let it be, let it be, let it be,
          G   **F C**
There will be an answer, let it be.
    Am **C/G** **F**   **C**
Let it be, let it be, let it be, let it be,
          G   **F C**
Whisper words of wisdom, let it be.

| **F**   **C** | **G F C**   𝄂|

Like Dreamers Do

Words & Music by
John Lennon & Paul McCartney

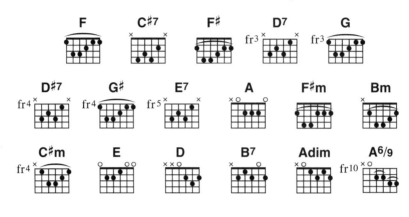

Intro | F C#7 F# D7 | G D#7 G# E7 ||

Verse 1

    A   F#m
I, I saw a girl in my dreams,

           Bm   C#m E
And so   it seems that I will love her.

      A   F#m
Oh you, you are that girl in my dreams,

           Bm   C#m E
And so   it seems that I will love you.

Chorus 1

       A   C#7
And I waited for your kiss,

           Bm   E7
Waited for the bliss

N.C.   A
Like dreamers do.

Bridge 1

         D E
And I,

         A
I, I, I, I, _____

           Bm   B7
Oh, I'll be there, yeah,

            E7
Waiting for you, you, you, you, you, you.

Verse 2

```
          A                       F♯m
You, you came just one dream   ago,
             Bm            C♯m  E
And now I know that I will love  you.
        A                    F♯m
Oh, I knew when you first said hello,
              Bm               C♯m  E
That's how   I know that I will love  you.
```

Chorus 2

```
          A        C♯7
And I waited for your kiss,
             Bm      E7
Waited for the bliss
N.C.            A
Like dreamers do.
```

Bridge 2

```
          D  E
And I,
            A
I, I, I, I, ____
             Bm    B7
Oh, I'll be there, yeah,
               E7
Waiting for you, you, you, you, you, you.
```

Verse 3

```
          A                       F♯m
You, you came just one dream   ago,
             Bm            C♯m  E
And now I know that I will love  you.
        A                    F♯m
Oh, I knew when you first said hello,
              Bm               C♯m  E
That's how   I know that I will love  you.
```

Chorus 3

```
          A        C♯7
And I waited for your kiss,
             Bm      E7
Waited for the bliss
N.C.            A
Like dreamers do,
Adim                 A
  Oh, like dreamers do,
Adim              A
  Like dreamers do.
```

Coda | Adim | F C♯7 F♯ D7 | G D♯7 G♯ E7 | A | A6/9 ‖

Little Child

Words & Music by
John Lennon & Paul McCartney

Harmonica | (E7) | (A) | E7 | E7 ‖

Verse 1
         E7
Little child, little child,
                       A   E7
Little child, won't you dance with me?
B7   A7
I'm so sad and lonely.
F♯7   B
Baby take a chance with me.

Verse 2
         E7
Little child, little child,
                       A   E7
Little child, won't you dance with me?
B7   A7
I'm so sad and lonely.
F♯7   B7   E
Baby take a chance with me.

Bridge 1
               E   B7
If you want someone to make you feel so fine,
                 E7
Then we'll have some fun when you're mine, all mine,
             F♯7   B
So come on, come on, come on!

Verse 3
         E7
Little child, little child,
                       A   E7
Little child, won't you dance with me?
B7   A7
I'm so sad and lonely.
F♯7   B7   E
Baby take a chance with me.

© Copyright 1963 Northern Songs.
All Rights Reserved. International Copyright Secured.

Solo | E⁷ | E⁷ | E⁷ | E⁷ | A⁷ | A⁷ |

| E⁷ | E⁷ | B⁷ | A⁷ | F♯⁷ | B⁷ ‖

Bridge 2

              E   B⁷
When you're by my side, you're the only one,

          E⁷
Don't you run and hide, just come on, come on,

             F♯⁷   B
Yeah, come on, come on, come on.

Verse 4

        E⁷
Little child, little child,

                        A   E⁷
Little child, won't you dance with me?

B⁷   A⁷
I'm so sad and lonely.

F♯⁷   B⁷   E   C♯⁷
Baby take a chance with me, oh yeah,

F♯⁷   B⁷   E   C♯⁷
Baby take a chance with me, oh yeah,

F♯⁷   B⁷   E   C♯⁷
Baby take a chance with me, oh yeah. *Fade out*

Love Me Do

Words & Music by
John Lennon & Paul McCartney

Intro | G | C | G | C | G | C | G | G ‖

Chorus 1
```
G              C
Love, love me do,
G              C
You know I love you.
G              C
I'll always be true,

So please ____
N.C.    G    C   G         C
Love me do, __ oh, love me do.
```

Chorus 2
```
G              C
Love, love me do,
G                 C
You know I love you.
G              C
I'll always be true,

So please ____
N.C.    G    C   G          C
Love me do, __ oh, love me do.
```

Bridge
```
D
Someone to love,
C           G
Somebody new.
D
Someone to love,
C           G
Someone like you.
```

Chorus 3

G   C
Love, love me do,

  G   C
You know I love you.

  G   C
I'll always be true,

So please ____

N.C. **G** **C** **G**
Love me do, ___ oh, love me do.

Solo

‖: D | D | C | G :‖

| G | G | G | G (D) ‖

Chorus 4

G   C
Love, love me do,

  G   C
You know I love you.

  G   C
I'll always be true,

So please ____

N.C. **G** **C** **G**   **C**
Love me do, ___ oh, love me do.

    G   C
‖: Yeah, love me do,

  G   C
Oh, love me do. :‖ *Repeat to fade*

213

Love You To

Words & Music by
George Harrison

C5   **C7**   **C6**   **B♭**

Sitar intro   ‖: C5 | C5 | C5 | C5   :‖

ad lib.

Verse 1

C6   C5
Each day just goes so fast,

C6   C5
I turn around, it's past,

C6   C5   C7   C6   C7 C5
You don't get time to hang a sign on me.

Chorus 1

B♭   C5 B♭ C5
Love me while you can,

B♭   C5 B♭ C5
Before I'm a dead old man.

Verse 2

C6   C5
A lifetime is so short,

C6   C5
A new one can't be bought,

C6   C5   C7   C6 C7 C5
But what you've got means such a lot to me.

Chorus 2

B♭   C5 B♭ C5
Make love all day long,

B♭   C5   B♭ C5
Make love singing songs.

Link   ‖: C5 | C5 | C5 | C5 | C5   :‖

Ad lib. Sitar solo

214

Chorus 3
    B♭   **C5**   **B**♭ **C5**
Make love all day long,
    B♭   **C5**   **B**♭ **C5**
Make love singing songs.

Verse 3
    C6   **C5**
There's people standing round,
    C6   **C5**
Who'll screw you in the ground,
    C6   **C5** **C7**   **C6**
They'll fill you in with all their sins,
    C7   **C5**
You'll see.

Chorus 4
    B♭   **C5**   **B**♭ **C5**
I'll make love to you,
    B♭   **C5**   **B**♭ **C5**
If you want me to.

Coda
‖: **C5** | **C5** | **C5** | **C5** :‖ *Sitar ad lib. to fade*

Lovely Rita

Words & Music by
John Lennon & Paul McCartney

Tune guitar down one semitone

Intro | B | A | E | B ‖

    B   A
Lovely Rita meter maid,
    E   B
Lovely Rita meter maid.

Chorus 1

    E   D   A
Lovely Rita meter maid,
    E   B⁷
Nothing can come between us,
    C♯m   F♯   B⁷
When it gets dark, I tow your heart away.

Verse 1

    E   A
    Standing by a parking meter,
    D   G
    When I caught a glimpse of Rita
    E   B⁷
Filling in a ticket in her little white book.

Verse 2

    E   A
    In a cap, she looked much older,
    D   G
    And the bag across her shoulder
    E   B⁷
Made her look a little like a military man.

Link 1 | E C♯m F♯m B ‖

Chorus 2

E   D A
Lovely Rita meter maid,

E   B7
May I enquire discreetly,

C♯m   F♯   B7
When are you free to take some tea with me?

Bsus4 B
Ah. _____

Solo

| E D A | E B7 | C♯m F♯ | B B7 |‖

Rita!

Verse 3

E   A
Took her out and tried to win her,

D   G
  Had a laugh, and over dinner

E   B7
Told her I would really like to see her again.

Verse 4

E   A
Got the bill and Rita paid it,

D   G
  Took her home, I nearly made it,

E   B7
Sitting on a sofa with a sister or two.

Link 2

| E C♯m F♯m B ‖
      Oh. ____

Chorus 3

E   D A
Lovely Rita meter maid,

E   B7
Where would I be without you?

C♯m   F♯   (B)
Give us a wink and make me think of you.

Outro

  B   A
‖: Lovely Rita meter maid,

E   B
Lovely Rita meter maid. :‖

‖: Am | Am | Am | Am :‖

| Am | Am | A ‖

217

Lucy In The Sky With Diamonds

Words & Music by
John Lennon & Paul McCartney

Intro | A5 | A5/G | A5/F♯ | Dm/F ||

Verse 1

A   A7   A6   F6
Picture yourself in a boat on a river,
      A   A7   A6   F
With tangerine trees and marmalade skies.
A   A7   A6   F6
Somebody calls you, you answer quite slowly,
    A   A7   A6   Dm   Dm/C
A girl with kaleidoscope eyes. _____

Pre-chorus 1

B♭   C
Cellophane flowers of yellow and green,
F   B♭
Towering over your head.
C   G
Look for the girl with the sun in her eyes,
           D
And she's gone.

Chorus 1

G   C   D
Lucy in the sky with diamonds,
G   C   D
Lucy in the sky with diamonds,
G   C   D
Lucy in the sky with diamonds,
D   A
Ah - ah.

Verse 2

(A)   A7   A6   F6
Follow her down to a bridge by a fountain,

      A   A7   A6   F
Where rocking horse people eat marshmallow pies.

A   A7   A6   F6
Everyone smiles as you drift past the flowers,

     A   A7   A6   Dm   Dm/C
That grow so incredibly high. _____

Pre-chorus 2

B♭   C
Newspaper taxis appear on the shore,

F   B♭
Waiting to take you away.

C   G
Climb in the back with your head in the clouds,

           D
And you're gone.

Chorus 2

G   C   D
Lucy in the sky with diamonds,

G   C   D
Lucy in the sky with diamonds,

G   C   D
Lucy in the sky with diamonds,

D   A
Ah - ah.

Verse 3

(A)   A7   A6   F6
Picture yourself on a train in a station,

      A   A7   A6   F
With plasticine porters with looking glass ties.

A   A7   A6   F6
Suddenly someone is there at the turnstile,

     A   A7   A6   Dm
The girl with kaleidoscope eyes. _____

Chorus 3

  G   C   D
𝄆 Lucy in the sky with diamonds,

G   C   D
Lucy in the sky with diamonds,

G   C   D
Lucy in the sky with diamonds,

D   A
Ah - ah. 𝄇 *Repeat to fade*

Magical Mystery Tour

Words & Music by
John Lennon & Paul McCartney

Intro | D | A ||

E *Spoken:*
(Roll up, roll up for the Magical Mystery Tour,

Step right this way!)

Verse 1

E   **G**   **A**
Roll up, _____ roll up for the Mystery Tour.

E   **G**   **A**
Roll up, _____ roll up for the Mystery Tour,

E
Roll up, _____ (and that's an invitation,)

G   **A**
Roll up, _____ for the Mystery Tour.

E
Roll up, _____ (to make a reservation,)

G   **A**
Roll up, _____ for the Mystery Tour.

Bridge 1

D   **D/C**
The Magical Mystery Tour

G/B   **Gm/B**♭
Is waiting to take you away,

D/A   **A**
Waiting to take you away.

Verse 2

```
         E              G              A
         Roll up, ___ roll up for the Mystery Tour.
         E              G              A
         Roll up, ___ roll up for the Mystery Tour.
         E
         Roll up, ___ (we've got everything you need,)
         G                        A
         Roll up, ___ for the Mystery Tour.
         E
         Roll up, ___ (satisfaction guaranteed,)
         G                        A
         Roll up, ___ for the Mystery Tour.
```

Bridge 2

```
         D                    D/C
         The Magical Mystery Tour
         G/B                  Gm/B♭
         Is hoping to take you away,
         D/A                  A
         Hoping to take you away.
```

Link

```
     | B          | B          | F♯m7     | F♯m7     |        |
                                (Mystery    trip.)

     | B     | B     | F♯m7 | F♯m7  G♯m7 | A      | B7     ||
```

Verse 3

```
         E    G              A
         Ah, ___  the Magical Mystery Tour.
         E         G              A
         Roll up, ___ roll up for the Mystery Tour,
         E
         Roll up, ___ (and that's an invitation,)
         G                        A
         Roll up, ___ for the Mystery Tour.
         E
         Roll up, ___ (to make a reservation,)
         G                        A
         Roll up, ___ for the Mystery Tour.
```

Bridge 3

    D   **D/C**
    The Magical Mystery Tour
    G/B   **Gm/B**♭
Is coming to take you away,
D/A   **A⁶**
Coming to take you away.

Bridge 4

    D   **D/C**
    The Magical Mystery Tour
    G/B   **Gm/B**♭
Is dying to take you away,
D/A   **A⁶**
Dying to take you away,
          D
Take you today. _____

Coda

| **D** | **D** ‖

‖: **Dm⁷** | **Dm⁷** | **Dm⁷** | **Dm⁷** :‖   *Repeat to fade*

222

Maxwell's Silver Hammer

Words & Music by
John Lennon & Paul McCartney

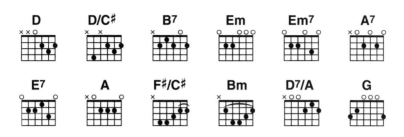

Verse 1

    D   **D/C♯**
Joan was quizzical,

B7   **Em**   **Em7**
Studied pataphysical science in the home.

A7
Late nights all alone with a test-tube,

D   **A7**
Oh, oh-oh oh.

D   **D/C♯**   **B7**
Maxwell Edison, majoring in medicine,

Em   **Em7**
Calls her on the phone:

A7   **D**   **A7**
"Can I take you out to the pictures, Jo-o-o-an?"

    E7
But as she's getting ready to go,

    A7
A knock comes on the door.

Chorus 1

    D
Bang, bang, Maxwell's silver hammer

    E7
Came down upon her head,

A7
Clang, clang, Maxwell's silver hammer

      Em   **A7**   **D A D**
Made sure that she was dead.

Link | **D** **F♯/C♯** | **Bm D7/A** | **G** | **D** ||

Verse 2

D   **D/C♯**   **B7**
Back in school again, Maxwell plays the fool again,

Em   **Em7**
Teacher gets annoyed.

A7   **D**   **A7**
Wishing to avoid an unpleasant sce-ee-ee-ene,

D   **D/C♯**   **B7**
She tells Max to stay when the class has gone away,

Em   **Em7**
So he waits behind,

A7   **D**   **A7**
Writing fifty times, I must not be so-o-o-o.

     E7
But when she turns her back on the boy,

     A7
He creeps up from behind.

Chorus 2

D
Bang, bang, Maxwell's silver hammer

     E7
Came down upon her head,

A7
Clang, clang, Maxwell's silver hammer

     Em   **A7**
Made sure that she was dead.

Solo

| **D** | **D** | **E7** | **E7** | |

| **A7** | **A7** | **Em7** **A7** | **D** | ‖

| **D** **F♯/C♯** | **Bm** **D7/A** | **G** | **D** | ‖

Verse 3

D   **D/C♯**   **B7**
P.C. Thirty-One said,

"We've caught a dirty one,"

Em   **Em7**
Maxwell stands alone,

A7
Painting testimonial pictures,

D   **A7**
Oh, oh-oh oh.

Cont.

      D   D/C♯   B7
Rose and Valerie, screaming from the gallery,

   Em   Em7
Say he must go free.

       A7   D   A7
The judge does not agree, and he tells them so-o-o-oh.

              E7
But as the words are leaving his lips,

    A7
A noise comes from behind.

Chorus 3

   D
Bang, bang, Maxwell's silver hammer

        E7
Came down upon his head,

   A7
Clang, clang, Maxwell's silver hammer

        Em   A7
Made sure that he was dead.

Coda

            D
Wo-wo-wo-woh,

| D | E7 | E7 | A7 | A7 | Em7 A7 | D A D |

D F♯/C♯ Bm D7/A G   D A D
Sil - ver   ham - mer   man.

Martha My Dear

Words & Music by
John Lennon & Paul McCartney

Capo third fret

Intro
| C | C B7 | Em Em7 A | D |

| G Fadd9 | G7 Fmaj7 | G7 Fmaj7 | G G7 ||

Verse 1

C
Martha my dear,

               B7   Em   Em7   A
Though I spend my days in conversation,

D   G
Please remember me.

Fadd9   G7
Martha my love,

Fmaj7   G7
Don't forget me,

Fmaj7   G7
Martha my dear.

Verse 2

Bm7   Emadd9
Hold your head up, you silly girl,

D
Look what you've done.

            Asus4   A
When you find yourself in the thick of it,

Asus4   A   F#7 Bm7
Help yourself to a bit of what is all around you,

         Emadd9
Silly girl.

Verse 3

        Bm7   **E7**
Take a good look around you,

         Bm7   **E7**
Take a good look, you're bound to see

      Gmaj7/A
That you and me

      Gmaj7   **Bm7**
Were meant to be for each other,

      Em add9 **C**
Silly girl.

Link | **C** | **C B7** | **Em Em7 A** | **D** |

        | **G Fadd9** | **G7 Fmaj7** | **G7 Fmaj7** | **G G7** ||

Verse 4

Bm7   **Em add9**
Hold your hand out, you silly girl,

D
See what you've done.

       Asus4   **A**
When you find yourself in the thick of it,

Asus4   **A**   **F♯7** **Bm7**
Help yourself to a bit of what is all around you,

     Em add9
Silly girl.

     | **C G7 C** ||

Verse 5

C
Martha my dear,

        B7   **Em**   **Em7 A**
You have always been my inspiration,

D   **G**
Please be good to me.

Fadd9   **G7**
Martha my love,

Fmaj7   **G7**
Don't forget me,

Fmaj7   **G7**
Martha my dear.

Coda | **C C/B C/A C/G** | **C**   ‖

Mean Mr Mustard

Words & Music by
John Lennon & Paul McCartney

Verse 1

E7
Mean Mr. Mustard sleeps in the park,

Shaves in the dark

Trying to save paper.
B7   **C7** **C#7**
Sleeps in a hole in the road.
D7   **C#7** **C7**
   Saving up to buy some clothes.
B7
   Keeps a ten bob note up his nose,
      E7   **C7** **B7**
Such a mean old man,
      E7   **C7** **B7**
Such a mean old man.

Verse 2

E7
His sister Pam works in a shop,

She never stops,

She's a go-getter.
B7   **C7** **C#7**
Takes him out to look at the Queen,
D7   **C#7** **C7**
   Only place that he's ever been,
B7
   Always shouts out something obscene,
      E7   **C7** **B7**
Such a dirty old man,
E7   **C7** **B7**
Dirty old man.

Old Brown Shoe

Words & Music by
George Harrison

Intro | C7 | C7 | C7 | C7   ‖

Verse 1
             C7
I want a love that's right,

But right is only half of what's wrong.
       Dm7
I want a short-haired girl

Who sometimes wears it twice as long.

Chorus 1
       F   **F7**
Now I'm stepping out this old brown shoe,
A♭   **A♭7**
  Baby, I'm in love with you,
    F
I'm so glad you came here,
   Eaug   **Am**
It won't be the same now, I'm telling you.

Link | C7 | C7   ‖

Verse 2
            C7
You know, you pick me up from where

Some tried to drag me down.
       Dm7
And when I see your smile

Replacing every thoughtless frown.

Chorus 2

F   F7
Got me escaping from this zoo,

A♭   A♭7
Baby, I'm in love with you,

      F
I'm so glad you came here,

    Eaug   Am
It won't be the same now, I'm telling you.

Bridge 1

    G
If I grow up, I'll be a singer,

               F
Wearing rings on   every finger,

    G
Not worrying what they or you say.

                 F
I'll live and love and   maybe some day,

F♯dim   G   G7
Who knows, baby, you may comfort me. _____

Solo

C7	C7	C7	C7	
Dm7	Dm7	Dm7	Dm7	
F	F7	A♭	A♭7	
F	Eaug	Am	Am	‖

Bridge 2

    G
I may appear to be imperfect,

                  F
My love is something you can't reject,

    G
I'm changing faster than the weather,

                F
If you and me should   get together,

F♯dim   G   G7
Who knows, baby, you may comfort me. _____

Verse 3

           C7
I want that love of yours,

To miss that love is something I'd hate.

             Dm7
I'll make an early start,

I'm making sure that I'm not late.

Chorus 3

    F   **F7**
For your sweet top lip I'm in the queue,

    A♭   **A♭7**
Baby, I'm in love with you,

    F
I'm so glad you came here,

    Eaug   **Am**
It won't be the same now when I'm with you.

     F
I'm so glad you came here,

    Eaug   **Am**
It won't be the same now that I'm with you.

Coda   ‖: **C7** | **C7** | **C7** | **C7**   :‖

         ‖: **C7** | **C7** | **C7** | **C7**   :‖ *Repeat to fade*
           Tu la,   tu ru tu.   Tu la,   tu ru tu.

Michelle

Words & Music by
John Lennon & Paul McCartney

Capo fifth fret

Intro | Cm* Cm(maj7) | Cm7 Cm6 | Fm Fmadd9 Fm Fm7* | G5   ‖

Verse 1

C   Fm7
Michelle, ma belle,

B♭6   Adim   G
These are words that go together well,

D7♭9   G
My Michelle.

Verse 2

C   Fm7
Michelle, ma belle,

B♭6   Adim   G
Sont les mots qui vont très bien ensemble

D7♭9   G
Très bien ensemble.

Bridge 1

    Cm
I love you, I love you, I love you,

E♭7   A♭
   That's all I want to say,

G7   Cm
   Until I find a way,

      Cm*   Cm(maj7) Cm7   Cm6
I will say the only   words I know

        Fm Fmadd9 Fm Fm7* G5
That you'll ___   un - der - stand.

Verse 3   As Verse 2

Bridge 2

Cm
I need to, I need to, I need to,

E♭7   **A♭**
  I need to make you see,

G7   **Cm**
  Oh, what you mean to me.

   Cm* **Cm(maj7)** **Cm7**   **Cm6**
Until I do I'm   hoping you

     Fm **Fmadd9**   **Fm** **Fm7*** **G5**
Will know _____ what I   mean.

Solo

Cm   **Fm7**
  I love you. _____

| **B♭6** | | **Adim** | | **G**   **D7♭9** | **G** | ‖ |

Bridge 2

Cm
I want you, I want you, I want you,

E♭7   **A♭**
  I think you know by now,

G7   **Cm**
  I'll get to you somehow.

   Cm* **Cm(maj7)** **Cm7**   **Cm6**
Until I do I'm   telling you,

     Fm **Fmadd9**   **Fm** **Fm7*** **G5**
So you'll _____   un - der - stand.

Verse 4

C   **Fm7**
Michelle,   ma belle,

B♭6   **Adim**   **G**
Sont les mots qui vont très bien ensemble

D7♭9   **G**
Très bien ensemble.

        Cm*   **Cm(maj7)** **Cm7**   **Cm6**
And I will say the only   words I know

     Fm **Fmadd9**   **Fm** **Fm7*** **G5**
That you'll _____   un - der - stand,

       C
My Michelle.

Solo

| **Fm7** | **B♭6** | **Adim** | **G**   **D7♭9** |

| **Fm7** | **B♭6** | *Fade out* |

Misery

Words & Music by
John Lennon & Paul McCartney

F   G   C   Am

Intro

    F   **G**
    The world is treating me bad, ⎯
C   **Am G**
Misery.

Verse 1

C   **F**
I'm the kind of guy
      C   **F**
Who never used to cry,
                 G
The world is treating me bad, ⎯⎯
C   **Am**
Misery.

Verse 2

     C   **F**
I've lost her now for sure,
  C   **F**
I won't see her no more,
         G
It's gonna be a drag, ⎯⎯
C
Misery.

Bridge 1

Am   **C**
I'll remember all the little things we've done,
Am   **G**
Can't she see she'll always be the only one,

Only one.

Verse 3

    C   **F**
Send her back to me,

       C   **F**
'Cause everyone can see,

              G
Without her I will be _____

    C
In misery.

Bridge 2

Am   **C**
I'll remember all the little things we've done,

Am   **G**
She'll remember and she'll miss her only one,

Lonely one.

Verse 4

C   **F**
Send her back to me,

       C   **F**
'Cause everyone can see,

              G
Without her I will be _____

    C
In misery,

Am   **C**   **Am**
Oh, in misery, ooh, _____

    C
My misery,

Am   **C**
La, la, la, la, la, la, misery.

Mother Nature's Son

Words & Music by
John Lennon & Paul McCartney

Intro
| Bm Bm7 | Bm6 E9 || D | D | D | D ||

Verse 1
D   G/D   D
Born a poor country boy,
Bm   Bm7   Bm6 E9
Mother Nature's son.
A D/A A
All day long
D/A A   D/A   A   D/A   D Dm7 | G/D D ||
I'm   sitting singing songs for everyone.

Link 1
| D Dm7 | G/D D ||

Verse 2
D   G/D   D
Sit beside a mountain stream,
Bm   Bm7   Bm6 E9
See her waters rise.
A D/A A D/A A   D/A
Lis-ten to the pretty sound
    A   D/A   D Dm7 | G/D D ||
Of music as she flies.

Link 2
        D   G/D   D
Do do, do do do do, do do do do, do.
            G/D   D Dmaj7
Do do do do, do do do do, do.
D7   G/D Gm | D ||
  Do do do.

Verse 3

D   G/D   D
Find me in my field of grass,

Bm   Bm7   Bm6 E9
Mother Nature's son.

A   D/A A   D/A
Sway-ing   dais-ies

A   D/A A   D/A   D Dm7 | G/D   D ‖
Sing a lazy song beneath the sun.

Link 3

             D   G/D   D
Do do, do do do do, do do do do, do.

                      G/D   D   Dmaj7
Do do do do, do do do do, do.

D7   G/D Gm   D
Do do do,   yeah, yeah, yeah.

Instrumental | D G/D | G/D D | Bm   Bm7 | Bm6 E9 |

               | A D/A A D/A | A D/A A D/A | D   Dm7 | G/D   D ‖

Coda

D Dm7 G/D   D7
Ah ____ Mother Nature's son.

No Reply

Words & Music by
John Lennon & Paul McCartney

Verse 1

N.C.   **F6**
This happened once before,

                     G6   **C**
When I came to your door, no reply.

              F6
They said it wasn't you,

              G6   **C**
But I saw you peep through your window.

       Am **Em**   **Fmaj7** **Em**
I saw the light,   I saw the light,

             F6
I know that you saw me,

              G6   **C**
'Cause I looked up to see your face.

Verse 2

             F6
I tried to telephone,

              G6   **C**
They said you were not home, that's a lie.

                F6
'Cause I know where you've been,

          G6   **C**
I saw you walk in your door.

       Am **Em**   **Fmaj7** **Em**
I nearly died,   I nearly died,

             F6
'Cause you walked hand in hand

          G6   **C**
With another man in my place.

Bridge

          C   E   A
If I were you, I'd realise that I
          Dm   F   C
Love you more than any other guy.
                   E   A
And I'll forgive the lies that I
          Dm   F   C
Heard before, when you gave me no reply.

Verse 3

             F6
I tried to telephone,
                    G6   C
They said you were not home, that's a lie.
                          F6
'Cause I know where you've been,
                   G6   C
And I saw you walk in your door.
        Am   Em   Fmaj7 Em
I nearly died,   I nearly died,
                        F6
'Cause you walked hand in hand
             G6   C
With another man in my place.
        Am Em   Fmaj7 C6/9
No reply,   no reply.

Norwegian Wood

Words & Music by
John Lennon & Paul McCartney

D   Cadd9   G/B   Dm   G   Em7   A

Capo second fret

Intro   ‖: D | D | D Cadd9 G/B | D   :‖

Verse 1
D
I once had a girl,

Or should I say
Cadd9   G/B D
She once had me?
D
She showed me her room,

Isn't it good,
Cadd9 G/B D
Nor-wegian wood?

Middle 1
　　　　　　Dm　　　　　　　　　　　　　　　　　**G**
She asked me to stay and she told me to sit anywhere.
　　　　　　Dm　　　　　　　　　　　　　　**Em7**　　**A**
So I looked around and I noticed there wasn't a chair.

Verse 2
D
I sat on a rug

Biding my time,
Cadd9   G/B D
Drinking her   wine.

cont.

D
We talked until two,

And then she said,
Cadd9   G/B D
"It's time for   bed."

Instrumental 𝄆 **D** | **D** | **D Cadd9 G/B** | **D**   𝄇

Middle 2
Dm   **G**
She told me she worked in the morning and started to laugh.
Dm   **Em7   A**
I told her I didn't and crawled off to sleep in the bath.

Verse 3
D
And when I awoke

I was alone,
Cadd9   G/B D
This bird had   flown.
D
So I lit a fire,

Isn't it good,
Cadd9 G/B D
Nor-wegian wood?

Instrumental | **D** | **D** | **D Cadd9 G/B** | **D**   𝄀

Not A Second Time

Words & Music by
John Lennon & Paul McCartney

G E D D7 Am Bm Em

Verse 1

G   E
You know you made me cry,

G   E
I see no use in wondering why,

D   G   D7
I cried for you.

Verse 2

G   E
And now you've changed your mind,

G   E
I see no reason to change mine,

D   Am   D
My crying is through, oh.

Bridge 1

Am   Bm
You're giving me the same old line,

G   Em
I'm wondering why.

Am
You hurt me then, you're back again,

Bm   D7   Em
No, no, no, not a second time.

Solo

| Am | Bm | G | Em |

| Am | Am | Bm | D7 |

| Em | Em ||

Verse 3

G   E
 You know you made me cry,

G   E
 I see no use in wondering why,

 D   G D
I cried for you, ____ yeah.

Verse 4

G   E
 And now you've changed your mind,

G   E
 I see no reason to change mine,

  D Am   D
My crying is through, oh.

Bridge 2

Am   Bm
 You're giving me the same old line,

G   Em
 I'm wondering why.

Am
 You hurt me then, you're back again,

Bm D7   Em
No, no, no, not a second time.

Outro

N.C.   G E
Not a second time, ____

       G E
Not a second time, ____

      G E
No, no, no, no, no. ____ *Fade out*

Not Guilty

Words & Music by
George Harrison

Intro | Esus⁴ Em⁷ Em | Em | Esus⁴ Em⁷ Em | Em |

Verse 1
　　　　　Am　　Am/G　Am/F♯
Not guilty
　　　B⁷　　　　　Em
Of getting in your way,
　　　　　　　　B⁷　　　　　　E⁷
While you're trying to steal the day.
　　　　Am　　Am/G　Am/F♯
Not guilty,
　　　　　B⁷　　　　　Em
And I'm not before the rest,
　　　　B⁷　　　　　　　　G　　Dm⁷
I'm not trying to steal your vest.

Bridge 1
　　E⁷
　　I am not trying to be smart,
　　　　　　　　　　Gsus⁴　Gm
I only want what I can get.
　　　　Em⁷　　　　　Em⁶
I'm really sorry for your ageing head,
　　　B⁷sus⁴　　　　　B⁷*
But like you heard me said,

Verse 2
　　　　　Am　　Am/G　Am/F♯
Not guilty.
　　　B⁷　　　　　Em
No use handing me a writ
　　　　B⁷　　　　　　　G　　Dm⁷
While I'm trying to do my bit.

Bridge 2

E7
    I don't expect to take your heart,

                  Gsus4 Gm
I only want what I can get.

         Em7   Em6
I'm really sorry that you're under-fed,

    B7sus4   B7*
But like you heard me said,

Em   Em7
Not guilty.

| Esus4 Em7 Em | Em   ‖

Solo

| Am Am/G | Am/F♯ | Em7 Em6 | Em7 Em6 |

| Am Am/G | Am/F♯ | Em7 Em6 | Em7 Em6 | Am/E Em ‖

Verse 3

        Am   Am/G Am/F♯
Not guilty

        B7   Em
For looking like a freak,

          B7   E7
Making friends with every Sikh.

        Am   Am/G Am/F♯
Not guilty,

        B7   Em
For leading you astray

         B7   G Dm7
On the road to Mandalay.

Bridge 3

E7
    I won't upset the apple cart,

                  Gsus4 Gm
I only want what I can get.

         Em7   Em6
I'm really sorry that you've been misled,

    B7sus4   B7*   Am
But like you heard me said, not guilty.

Coda

‖: Esus4 Em7 Em | Esus4 Em7 Em :‖ Em | Em | Em |

| Em | Em | Em | Esus4 Em7 Em | Esus4 Em7 Em |

‖: Em | Em | Em | Em   :‖ *Repeat ad lib. to fade*

Nowhere Man

Words & Music by
John Lennon & Paul McCartney

Em   Gm   D   A   G   F#m   Em7   A7

fr3

Capo second fret

Verse 1

N.C.
He's a real Nowhere Man,

Sitting in his Nowhere Land,
Em   Gm   D
Making all his Nowhere plans for nobody.

Verse 2

D   A
Doesn't have a point of view,
G   D
Knows not where he's going to,
Em   Gm   D
Isn't he a bit like you and me?

Bridge 1

F#m   G
Nowhere Man, please listen,
F#m   G
You don't know what you're missing,
F#m   Em7   A7
Nowhere Man, the world is at your command.

Solo

| D | A | G | D | |
| Em | Gm | D | D | ||

Verse 3

D   A
He's as blind as he can be,
G   D
Just sees what he wants to see,
Em   Gm   D
Nowhere Man, can you see me at all?

Bridge 2

        F#m   G
Nowhere Man, don't worry,

        F#m   G
Take your time, don't hurry,

        F#m Em⁷   A⁷
Leave it all till somebody else lends you a hand.

Verse 4

D   A
Doesn't have a point of view,

G   D
Knows not where he's going to,

Em   Gm   D
Isn't he a bit like you and me?

Bridge 3

        F#m   G
Nowhere Man, please listen,

        F#m   G
You don't know what you're missing,

        F#m   Em⁷   A⁷
Nowhere Man, the world is at your command.

Verse 5

D   A
He's a real Nowhere Man,

G   D
Sitting in his Nowhere Land,

Em   Gm   D
Making all his Nowhere plans for nobody.

Em   Gm   D
Making all his Nowhere plans for nobody.

Em   Gm   D
Making all his Nowhere plans for nobody.

Ob-La-Di, Ob-La-Da

Words & Music by
John Lennon & Paul McCartney

A   E   E7   D   F#m7   A7   Asus2   A/E

Capo first fret

Intro | A | A | A | A ||

Verse 1

  A   E
Desmond has a barrow in the market place,
  E7   A
Molly is a singer in a band.

                                D
Desmond says to Molly, girl, I like your face,
          A   E   A
And Molly says this as she takes him by the hand.

Chorus 1

       A   E F#m7
Ob-La-Di, Ob-La-Da, life goes on, bra,
  A   E   A
La-la how their life goes on.
       A   E F#m7
Ob-La-Di, Ob-La-Da, life goes on, bra,
  A   E   A
La-la how their life goes on.

Verse 2

  A   E
Desmond takes a trolley to the jeweller's store,
  E7   A
Buys a twenty carat golden ring.

                            D
Takes it back to Molly waiting at the door,
          A   E   A
And as he gives it to her, she begins to sing:

Chorus 2   As Chorus 1

Middle 1

     D
In a couple of years,

                                         A Asus2 A A7
They have built a home sweet home.

     D
With a couple of kids running in the yard

      A/E   **E**
Of Desmond and Molly Jones.

Verse 3

   A   **E**
Happy ever after in the market place,

E7   **A**
Desmond lets the children lend a hand.

                         D
Molly stays at home and does her pretty face,

        A   **E**   **A**
And in the evening she still sings it with the band.

Chorus 3   As Chorus 1

Middle 2   As Middle 1

Verse 4

   A   **E**
Happy ever after in the market place,

E7   **A**
Molly lets the children lend a hand.

                        D
Desmond stays at home and does his pretty face,

        A   **E**   **A**
And in the evening she's a singer with the band.

Chorus 4

        A   **E** **F♯m7**
Ob-La-Di, Ob-La-Da, life goes on, bra,

A   **E**   **A**
La-la how their life goes on.

        A   **E** **F♯m7**
Ob-La-Di, Ob-La-Da, life goes on, bra,

A   **E**   **F♯m7**
La-la how their life goes on,

And if you want some fun,

    E   **A**
Take Ob-La-Di-Bla-Da.

Octopus's Garden

Words & Music by
Ringo Starr

Capo fourth fret

Intro | (C) (G) | (C) || C | Am | F | G ||

Verse 1
    C   Am
    I'd like to be   under the sea,
           F   G
In an octopus's garden in the shade.
    C   Am
    He'd let us in,   knows where we've been,
          F   G
In his octopus's garden in the shade.
Am   Am/G
    I'd ask my friends to come and see
F   G
    An octopus's garden with me.

Chorus 1
    C   Am
    I'd like to be   under the sea
         F   G   C
In an octopus's garden in the shade.

Verse 2
    C   Am
    We would be warm   below the storm
          F   G
In our little hideaway beneath the waves.
    C   Am
    Resting our head   on the sea bed
          F   G
In an octopus's garden near a cave.

cont.

    Am   **Am/G**
    We would sing and dance around,

F   **G**
    Because we know we can't be found.

Chorus 2

C   **Am**
    I'd like to be under the sea

    F   **G**   **C**
In an octopus's garden in the shade.

Solo

| **F** | **Dm** | **B♭** | **C** | |
Ah, ah,   ah.   Ah, ah,   ah.

| **F** | **Dm** | **B♭** **C** | **F** **G7** ‖
Ah, ah,   ah.   Ah, —— ah. ——

Verse 3

C   **Am**
    We would shout and swim about

    F   **G**
The coral that lies beneath the waves.

C   **Am**
    Oh, what joy for every girl and boy,

F   **G**
Knowing they're happy and they're safe.

Am   **Am/G**
    We would be so happy, you and me,

F   **G**
    No-one there to tell us what to do.

Chorus 3

C   **Am**
    I'd like to be under the sea

    F   **G**   **Am** **Am/G**
In an octopus's garden with you,

    F   **G**   **Am** **Am/G**
In an octopus's garden with you,

    F   **G**   **C** **B** **C***
In an octopus's garden with you.

Oh! Darling

Words & Music by
John Lennon & Paul McCartney

Intro | Eaug ‖

Verse 1
      A   E
Oh! darling, please believe me,
F#m7   **D**
I'll never do you no harm.
   Bm7   **E9**
Believe me when I tell you,
Bm7 **E9**   **A**   **D A E7**
I'll never do you no harm.

Verse 2
      A   E
Oh! darling, if you leave me,
F#m7   **D**
I'll never make it alone.
   Bm7   **E9**
Believe me when I beg you,
Bm7 **E9**   **A**   **D A A7**
Don't ever leave me alone.

Bridge 1
        D   **F**
When you told me you didn't need me anymore,
        A   **A7**
Well, you know I nearly broke down and cried.
        B
When you told me you didn't need me anymore,
      E   **F**   **E Eaug**
Well, you know I nearly broke down and died.

Verse 3

         A   **E**
Oh! darling, if you leave me,

F♯m7   **D**
I'll never make it alone.

    Bm7   **E9**
Believe me when I tell   you,

Bm7   **E9**   **A**   **D**
I'll never do you no harm.

A   **A7**
(Believe me, darling.)

Bridge 2

            D   **F**
When you told me you didn't need me anymore,

         A   **A7**
Well, you know I nearly broke down and cried.

        B
When you told me you didn't need me anymore,

        E   **F**   **E**   **Eaug**
Well, you know I nearly broke down and died.

Verse 4

         A   **E**
Oh! darling, please believe me,

F♯m7   **D**
I'll never let you down.

(Oh, believe me darling.)

    Bm7   **E9**
Believe me when I tell you,

Bm7   **E9**   **A**   **D** **A** **B♭7** **A7**
  I'll never do you no harm.

One After 909

Words & Music by
John Lennon & Paul McCartney

Intro | B⁷ | B⁷ | B⁷ | B⁷ | B⁷ | B⁷ ||

Verse 1
       B⁷
My baby says she's travelling

On the one after 909.

I said, "Move over, honey,

I'm travelling on that line."

Chorus 1
       B⁷   **N.C.**
I said, "Move over once,
B⁷   **N.C.**
Move over twice,
E⁷
Come on baby, don't be cold as ice."
B⁷
    Said she's travelling
      F♯⁷   **B⁷**
On the one after 909.

Verse 2
      B⁷
I begged her not to go,

And I begged her on my bended knee.

You're only fooling around,

Only fooling around with me.

Chorus 2   As Chorus 1

Bridge 1

    E7   **B7**
    Pick up my bags,   run to the station.
    C♯7   **F♯7**
    Railman says, "You've got the wrong location."
    E7   **B7**
    Pick up my bags,   run right home,
    C♯7   **F♯7**
    Then I find I've got the number wrong.

Verse 3

         B7
    Well,   said she's travelling

    On the one after 909.

    I said, "Move over, honey,

    I'm travelling on that line."

Chorus 3   As Chorus 1

Instrumental ‖: B7 | B7 | B7 | B7 :‖ B7 | B7 |

    | E7 | E7 | B7 | F♯7 | B7 | B7 ‖

Bridge 2   As Bridge 1

Verse 4

         B7
    Well,   she says she's travelling

    On the one after 909.

    I said, "Move over, honey,

    I'm travelling on that line."

Chorus 4   As Chorus 1

Coda

    (B7)   **F♯7**
    She said she's travelling on the one after 90,
                     F♯7   **B7**
    Said she's travelling on the one after 909.

Only A Northern Song

Words & Music by
George Harrison

Intro | Cmaj7 | D   A | E   ‖

Verse 1
A
   If you're listening to this song,
                                 Bm7
You may think the chords are going wrong.
      E7
But they're not,
          D
He just wrote it like that.

Verse 2
A
   When you're listening late at night,
                               Bm7
You may think the band are not quite right.
      E7
But they are,
         D
They just play it like that.

Chorus 1
    E   Bm7   G   C♯7
It doesn't really matter what chords I play,
   F♯7
What words I say,
  Bm   F♯7
Or time of day it is,
       D   A   E
'Cause it's only a Northern Song.

Link
| A | A | A | A | Bm⁷ |
| Bm⁷ | E⁷ | E⁷ | D | D ‖

Chorus 2

    E   Bm⁷   G   C♯⁷
It doesn't really matter what clothes I wear,
     F♯⁷
Or how I fare,
     Bm   F♯⁷
Or if my hair is brown,
            D   A   E
When it's only a Northern Song.

Verse 3

    A
    If you think the harmony
                    Bm⁷
Is a little dark and out of key.
          E⁷
You're correct,
           D
There's nobody there.

| E Bm⁷ | G C♯⁷ | F♯⁷ | Bm⁷ | F♯⁷ |
     D   A   E
And I told you there's no-one there.

Outro
| A | A | A | A | Bm⁷ | Bm⁷ |
| E⁷ | E⁷ | D | D | E Bm⁷ | G C♯⁷ |
| F♯⁷ | Bm | F♯⁷ | D A E ‖ *Fade out*

P.S. I Love You

Words & Music by
John Lennon & Paul McCartney

G	C#7	D	A	Em	Bm	B♭	C

Intro

G   C#7   D
As I write this letter,

G   C#7   D
Send my love to you,

  G   C#7   D
Remember that I'll always

     A   D
Be in love with you.

Verse 1

D   Em   D
Treasure these few words till we're together,

     A   Bm
Keep all my love forever,

A   B♭
P. S. I love you, ____

      C   D
You, you, you.

Verse 2

D   Em   D
I'll be coming home again to you love,

    A   Bm
Until the day I do love,

A   B♭
P. S. I love you, ____

      C   D
You, you, you.

Bridge 1

G   D
As I write this letter,

G   D
Send my love to you,

  G   D
Remember that I'll always

     A   D
Be in love with you.

Verse 3

D   Em   D
Treasure these few words till we're together,

  A   Bm
Keep all my love forever,

A   B♭
P. S. I love you, ____

   C D
You, you, you.

Bridge 2

G   D
As I write this letter, (oh,)

G   D
Send my love to you, (you know I want you to)

  G   D
Remember that I'll always, yeah,

   A   D
Be in love with you.

Verse 4

D   Em   D
I'll be coming home again to you love,

  A   Bm
Until the day I do love,

A   B♭
P. S. I love you, ____

   C D
You, you, you,

B♭ C   D
You, you, you,

B♭ C D
I love you.

Paperback Writer

Words & Music by
John Lennon & Paul McCartney

Intro

N.C.
Paperback writer, paperback writer.

Link

| G⁷ | G⁷ | G⁷ | G⁷ ‖

Verse 1

G
Dear Sir or Madam, will you read my book,

It took me years to write, will you take a look?

It's based on a novel by a man named Lear,

And I need a job,
                         C
So I want to be a paperback writer,
           G
Paperback writer. _____

Verse 2

     G
It's a dirty story of a dirty man,

And his clinging wife doesn't understand.

His son is working for the *Daily Mail,*

It's a steady job,
                       C
But he wants to be a paperback writer,
          G
Paperback writer. _____

N.C.
Paperback writer, paperback writer.

| *Link* | | G⁷ | G⁷ | G⁷ | G⁷ | ‖

Verse 3

       G
It's a thousand pages, give or take a few,

I'll be writing more in a week or two.

I can make it longer if you like the style,

I can change it round,
                       C
And I want to be a paperback writer,
           G   **G⁷**
Paperback writer. _____

Verse 4

       G
If you really like it, you can have the rights,

It could make a million for you overnight,

If you must return it, you can send it here,

But I need a break,
                       C
And I want to be a paperback writer,
        G
Paperback writer. _____

N.C.
Paperback writer, paperback writer.

| *Link* | | G⁷ | G⁷ | G⁷ | G⁷ | ‖

Coda   **G**
‖: Paperback writer, paperback writer. :‖ *Repeat to fade*

Penny Lane

Words & Music by
John Lennon & Paul McCartney

Verse 1

 B   C♯m7   F♯7
In Penny Lane there is a barber showing photographs
 B   Bm7
Of ev'ry head he's had the pleasure to know,
         G♯m7♭5   Gmaj7
And all the people that come and go,
         F♯7sus4 F♯7 F♯7sus4 F♯7
Stop and say hello.

Verse 2

 B   C♯m7   F♯7
On the corner is a banker with a motorcar,
         B   Bm7
The little children laugh at him behind his back,
         G♯m7♭5   Gmaj7
And the banker never wears a mac
 F♯7sus4   F♯7   E
In the pouring rain,   –   very strange.

Chorus 1

 A   A/C♯   D
Penny Lane is in my ears and in my eyes,
 A   A/C♯   D
There beneath the blue suburban skies
         F♯7
I sit, and meanwhile back…

Verse 3

 B   C♯m7   F♯7
In Penny Lane there is a fireman with an hourglass,
         B   Bm7
And in his pocket is a portrait of the Queen.

cont.

                    G#m7b5   Gmaj7
He likes to keep his fire engine clean,

         F#7sus4   F#7 F#7sus4 F#7
It's a clean machine.

Solo | B | C#m7 F#7 | B | Bm7 |

          | G#m7b5 | Gmaj7 | F#7sus4 F#7 | E ||

Chorus 2

          A   A/C#   D
Penny Lane is in my ears and in my eyes,

A   A/C#   D
  Full of fish and finger pies

         F#7
In summer, meanwhile back…

Verse 4

               B   C#m7   F#7
Behind the shelter in the middle of the roundabout

            B   Bm7
The pretty nurse is selling poppies from a tray,

          G#m7b5   Gmaj7
And though she feels as if she's in a play,

        F#7sus4 F#7 F#7sus4 F#7
She is anyway.

Verse 5

             B   C#m7   F#7
In Penny Lane the barber shaves another customer,

            B   Bm7
We see the banker sitting waiting for a trim,

          G#m7b5   Gmaj7
And then the fireman rushes in

         F#7sus4   F#7 E
From the pouring rain,   –   very strange.

Chorus 3

          A   A/C#   D
Penny Lane is in my ears and in my eyes,

A   A/C#   D
There beneath the blue suburban skies

         F#7
I sit, and meanwhile back…

          B   B/D#   E
Penny Lane is in my ears and in my eyes,

B   B/D#   E
There beneath the blue suburban skies…

         B
Penny Lane.

Piggies

Words & Music by
George Harrison

Capo sixth fret

Intro
| D A | D A ‖

Verse 1
D   A   D   A
Have you seen the little piggies crawling in the dirt?
D   A   Bm   E7
And for all the little piggies, life is getting worse,
Bm   E7   A
Always having dirt to play around in.

Link 1
| D A | D A ‖

Verse 2
D   A   D   A
Have you seen the bigger piggies in their starched white shirts?
D   A   Bm   E7
You will find the bigger piggies stirring up the dirt
Bm   E7   A
Always have clean shirts to play around in.

Link 2
| D A | D F♯7 ‖

Bridge

Em   F$^\sharp$7
In their sties with all their backing,

G   D   A
They don't care what goes on around.

Em   F$^\sharp$7
In their eyes there's something lacking

G   A
What they need's a damn good whacking!

Solo

| D   A | D   A | D   A | Bm   E7 |

| Bm   E7 | A | D   A | D   A ||

Verse 3

D   A   D   A
Everywhere there's lots of piggies, living piggy lives,

D   A   Bm   E7
You can see them out for dinner with their piggy wives,

Bm   E7   A
Clutching forks and knives to eat their bacon.

Coda

| D   A | Dm   A | Dm   A | E7   A |

| N.C. | E$\flat$5 | B$\flat$ ||
(One more time.)

Please Please Me

Words & Music by
John Lennon & Paul McCartney

Intro

| E | E | E | E ||

Verse 1

    E   A E   G A B
Last night I said these words to my girl,

    E   A   E
I know you never even try, girl.

Chorus 1

          A   F♯m
Come on, come on,

             C♯m   A*
Come on, come on,

             E   A
Please please me, woh yeah,

         B   E   A B
Like I please you.

Verse 2

    E   A E   G A B
You don't need me to show the way, love,

    E   A   E
Why do I always have to say, love.

Chorus 2

          A   F♯m
Come on, come on,

             C♯m   A*
Come on, come on,

             E   A
Please please me, woh yeah,

         B   E
Like I please you.

Bridge

A
I don't want to sound complaining,

B   **E**
But you know there's always rain in my heart.

A
I do all the pleasing with you,

B   **E**
It's so hard to reason with you,

    A   **B**   **E**   **A** **B**
Oh yeah, why do you make me blue?

Verse 3

E   **A E**   **G A B**
   Last night I said these words to my girl,

E   **A E**
   I know you never even try, girl.

Chorus 3

       A   **F♯m**
Come on, come on,

      C♯m   **A***
Come on, come on,

    E   **A**
Please please me, woh yeah,

   B
Like I please you.

E   **A**
Please please me, woh yeah,
(you.)

   B
Like I please you,

E   **A**
Please please me, woh yeah,
(you.)

    B   **E**   **G C B E**
Like I please you. _____

Rain

Words & Music by
John Lennon & Paul McCartney

G   C   D   Cadd9   G5   Gsus2/4

Intro | G | G | G | G ||

Verse 1
       G
If the rain comes,
     C   D   G
They run and hide their heads.
     C   D   G
They might as well be __ dead,
     Cadd9   G
If the rain comes, if the rain comes.

Verse 2
       G
When the sun shines,
     C   D   G
They slip into the shade,
     C   D   G
And sip their lemonade,
     Cadd9   G
When the sun shines, when the sun shines.

Chorus 1
G5   Gsus2/4   G5
Rain, ____ I don't mind.
G5   Gsus2/4   G5
Shine, ____ the weather's fine.

Verse 3
       G
I can show you
     C   D   G
That when it starts to rain,
C   D   G
Everything's the same,
     Cadd9   G
I can show you, I can show you.

Chorus 2

    G⁵   **Gsus2/4**   **G⁵**
Rain, _____ I don't mind.

    G⁵   **Gsus2/4**   **G⁵**
Shine, _____ the weather's fine.

Verse 4

            G
Can you hear me

    C   **D**   **G**
That when it rains and __ shines,

      C   **D**   **G**
It's just a state of mind?

         Cadd⁹
Can you hear me?

        G
Can you hear me?

Polythene Pam

Words & Music by
John Lennon & Paul McCartney

Intro | D   A | E | D   A | E   ‖

Verse 1
                             D   A   E
Well, you should see Polythene Pam,
                   D   A   E
She's so good-looking, but she looks like a man.
                   G   B7
Well, you should see her in drag, dressed in her polythene bag,
                    C   D   E
Yes, you should see Polythene Pam,
C   D   E
Yeah, yeah, yeah.

Link | D   A | E | D   A | E   ‖

Verse 2
               D   A   E
Get a dose of her in jackboots and kilt,
                   D   A   E
She's killer-diller when she's dressed to the hilt.
                   G   B7
She's the kind of a girl that makes the News of the World,
                    C   D   E
Yes, you could say she was attractively built.
C   D   E
Yeah, yeah, yeah.

Link | D   A | E | D   A | E   ‖

Solo   ‖: D   A | E | D   A | E   :‖ *Play 4 times*

        | E | E | E | D | C#m | E7/B   ‖
                                                  Oh look out!

Revolution 1

Words & Music by
John Lennon & Paul McCartney

Intro | A | A | A | A | E7 ||

Verse 1
        A
You say you want a revolution,
            D
Well, you know,
                   A
We all want to change the world.

You tell me that it's evolution,
            D
Well, you know,
                  E
We all want to change the world.
Bm   **E**
   But when you talk about destruction,
Bm   **G**   **A** **F#7**   **E**
   Don't you know that you can count me out, in.

Chorus 1
                   A **D**
Don't you know it's gonna be alright,
                   A **D**
Don't you know it's gonna be alright.
                   A **D**
Don't you know it's gonna be alright.

  | E7 | E7 ||

Verse 2
        A
You say you got a real solution,
            D
Well, you know,
               A
We'd all love to see the plan.

cont.   (Ba-oh shoo-be-doo-wop)

(Ba-oh shoo-be-doo-wop)

You ask me for a contribution,

      D
Well, you know,

          E
We all do it when we can.

Bm   **E**
  But if you want money for people with minds that hate,

Bm   **G**   **A** **F♯7** **E**
  All I can tell you is, brother, you have to wait.

                      A   **D**
Chorus 2   Don't you know it's gonna be alright,

                      A   **D**
Don't you know it's gonna be alright.

                      A   **D**
Don't you know it's gonna be alright.

| **E7** | **E7** ‖

        A
Verse 3   You say you'll change the constitution,

           D
Well, you know,

                        A
We'd all love to change your head.

(Ba-oh shoo-be-doo-wop)

(Ba-oh shoo-be-doo-wop)

You tell me it's the institution,

           D
Well, you know,

                    E
You'd better free your mind instead.

(Ba-oh shoo-be-doo-wop)

(Ba-oh shoo-be-doo-wop)

Bm   **E**
  But if you go carrying pictures of Chairman Mao,

Bm   **G**   **A** **F♯7** **E**
  You ain't gonna make it with anyone an - y - how.

Chorus 3
         A **D**
Don't you know it's gonna be alright,

         A **D**
Don't you know it's gonna be alright.

         A **D**
Don't you know it's gonna be alright.

| **E7** | **E7** | ‖

Coda
A
(Oh shoo-be-doo-wop.)
D
 Ah-ah-ah-ah,
A   **D**
 Ah-ah-ah-ah,
    A
Ah-ah al - right,
 D **A**
Alright, alright,
    D
Alright, alright,
    A
Alright, alright! *ad lib. to fade*

Revolution
(Single Version)

Words & Music by
John Lennon & Paul McCartney

A   E7   D   Bm/F#   G   F#   B♭6   A6

Capo first fret

Intro | A | A | A | E7 ‖

Verse 1
     A
You say you want a revolution,
       D
Well, you know,
             A
We all want to change the world.

You tell me that it's evolution,
      D
Well, you know,
         E7
We all want to change the world.
Bm/F#   E7
  But when you talk about destruction,
Bm/F#   G   A F#
  Don't you know that you can count me out.

Chorus 1
   E7   A   D
  Don't you know it's going to be alright,
A   D   A   D
  Alright,   alright.

  | E7 | E7 ‖

Verse 2
     A
You say you got a real solution,
      D
Well, you know,
         A
We'd all love to see the plan.

cont.

        (A)
You ask me for a contribution,

        D
Well, you know,

              E7
We're all doing what we can.

Bm/F#   **E7**
  But if you want money for people with minds that hate,

Bm/F#   **G**   **A** **F#**
  All I can tell you is, brother, you'll have to   wait.

Chorus 2   As Chorus 1

Solo | **A** | **A** | **A** | **D** | **D** |
       | **E7** | **E7** | **E7** | **E7** ||

Verse 3

      A
You say you'll change the constitution,

        D
Well, you know,

             A
We all want to change your head.

You tell me it's the institution,

        D
Well, you know,

            E7
You'd better free your mind instead.

Bm/F#   **E7**
  But if you go carrying pictures of Chairman Mao,

Bm/F#   **G** **A** **F#**
  You ain't gonna make it with anyone an - y - how.

Chorus 3   As Chorus 1

Coda

   A   **D**
Alright, alright,

   A   **D**
Alright, alright,

   A   **D**
Alright, alright,

   E7   **Bb6** **A6**
Alright, alright!

275

Rocky Raccoon

Words & Music by
John Lennon & Paul McCartney

Intro | Am⁷ | Am⁷   ‖

Verse 1

Am⁷
Now somewhere in the black mountain hills of Dakota
　　　　D⁷sus⁴　　　　　　　　　　**D⁷**
There lived a young boy named Rocky Racoon-na
G⁷　　　　　　　　　　　　　**C**
And one day his woman ran off with another guy,
C/B　　　　　　　　**Am⁷**
Hit young Rocky in the eye,

Rocky didn't like that,
　　　　　　D⁷sus⁴　　　　　**D⁷**
He said, "I'm gonna get that boy."
　　　　G⁷
So one day he walked into town,
　　　　　　　　　　　　　C　　　**C/B**
Booked himself a room in the local saloon.

Verse 2

Am⁷　　　　　　　**D⁷sus⁴**　　**D⁷**
Rocky Racoon checked into his room,
G⁷　　　　　　　　**C**　**C/B**
Only to find Gideon's Bible.
Am⁷　　　　　**D⁷sus⁴**　　　**D⁷**
Rocky had come, equipped with a gun,
　G⁷　　　　　　　　　　**C**　**C/B**
To shoot off the legs of his rival.
　　Am⁷　　　　　**D⁷sus⁴**　　**D⁷**
His rival, it seems, had broken his dreams,
　G⁷　　　　　　　**C**　**C/B**
By stealing the girl of his fancy.
　　Am⁷　　　　　　　**D⁷sus⁴**　　　**D⁷**
Her name was Magill, and she called herself Lil,
　G⁷　　　　　　　**C**　**C/B**
But everyone knew her as Nancy.

Verse 3

Am7   D7sus4   D7
Now she and her man, who called himself Dan,

    G7   C   C/B
Were in the next room at the hoe-down.

Am7   D7sus4   D7
Rocky burst in, and grinning a grin,

     G7   C   C/B
He said, "Danny boy, this is a showdown."

     Am7   D7sus4   D7
But Daniel was hot, he drew first and shot,

     G7   C   C/B
And Rocky collapsed in the corner.

Piano break   ‖: Am7 | D7sus4   D7 | G7 | C   C/B :‖

Verse 4

      Am7   D7sus4   D7
Now, the doctor came in, stinking of gin,

     G7   C   C/B
And proceeded to lie on the table.

      Am7
He said, "Rocky, you met your match,"

      D7sus4   D7
And Rocky said, "Doc, it's only a scratch,

      G7
And I'll be better, I'll be better, Doc,

       C   C/B
As soon as I am   able."

Verse 5

    Am7   D7sus4   D7
Now Rocky Racoon he fell back in his room,

G7   C   C/B
Only to find Gideon's Bible.

Am7   D7sus4   D7
Gideon checked out and left in no doubt

   G7   C   C/B
To help with good Rocky's revival.

Piano break | Am7 | D7sus4   D7 | G7 | C   C/B |
            (Do do do do do do do do do) etc.

Coda | Am7 | D7sus4   D7 |
          (Come on Rocky boy.)   (Come on Rocky boy.)

        | G7 | C   G7 | C   ‖

Run For Your Life

Words & Music by
John Lennon & Paul McCartney

Intro | D | D | D ||

Verse 1
       D
Well, I'd rather see you dead, little girl,
       Bm
Than to be with another man.
       D
You'd better keep your head, little girl,
       Bm
Or I won't know where I am.

Chorus 1
         Bm   **E**
You'd better run for your life if you can, little girl,
Bm   **E**
Hide your head in the sand, little girl,
Bm   **G**
Catch you with another man,
F♯   **Bm**
That's the end, little girl.

Link | D | D ||

Verse 2
       D
Well, you know that I'm a wicked guy
       Bm
And I was born with a jealous mind.
       D
And I can't spend my whole life trying
       Bm
Just to make you toe the line.

Chorus 2   As Chorus 1

Solo | D | D | G | D | A⁷ | D ‖

Verse 3
D
Let this be a sermon,
     Bm
I mean everything I said,
D
Baby, I'm determined,
     Bm
And I'd rather see you dead.

Chorus 3
           Bm   E
You'd better run for your life if you can, little girl,
Bm   E
Hide your head in the sand, little girl,
Bm   G
Catch you with another man,
F♯   Bm
That's the end, little girl.

Link | D | D ‖

Verse 4
   D
I'd rather see you dead, little girl,
     Bm
Than to be with another man.
     D
You'd better keep your head, little girl,
   Bm
Or you won't know where I am.

Chorus 4
           Bm   E
You'd better run for your life if you can, little girl,
Bm   E
Hide your head in the sand, little girl,
Bm   G
Catch you with another man,
F♯   Bm
That's the end, little girl.

Coda | D | D ‖: D   :‖ *Repeat to fade*
        Na-na na.   Na-na

Savoy Truffle

Words & Music by
George Harrison

Intro | E⁷ | E⁷ ||

Verse 1

   N.C.   E⁷
Cream tangerine and montelimar,
   F♯   A
   A ginger sling with a pineapple heart,
   G   B
   A coffee dessert, yes, you know it's good news:

Chorus 1

              Em   Em aug   Em⁶
But you'll have to have them all pulled out
             Em aug   C   G
After the Savoy truffle.

Link | E⁷ | E⁷ ||

Verse 2

   N.C.   E⁷
Cool cherry cream, nice apple tart.
   F♯   A
   I feel your taste all the time we're apart,
   G   B
   Coconut fudge really blows down those blues:

Chorus 2

              Em   Em aug   Em⁶
But you'll have to have them all pulled out
             Em aug   C   G
After the Savoy truffle.

Bridge 1

    Em   A
You might not feel it now,

             Asus⁴   A
But when the pain cuts through,

            G   B
You're going to know, and how.

      Em   A
The sweat is gonna fill your head,

         Asus⁴   A   G   B
When it becomes too much, you'll shout aloud…

Solo

| E⁷ | E⁷ | E⁷ | E⁷ | F♯ | F♯ | |

| A | A | G | G | B | B | ‖

Chorus 3

          Em   Emaug   Em⁶
But you'll have to have them all pulled out

         Emaug C   G
After the Savoy truffle.

Bridge 2

      Em   A
You know that what you eat you are,

          Asus⁴ A   G   B
But what is sweet   now, turns so sour.

      Em   A
We all know Ob-la-di-bla-da,

         Asus⁴ A   G   B
But can you show me where you are?

Verse 3

E⁷
Cream tangerine and montelimar,

F♯   A
  A ginger sling with a pineapple heart,

G   B
  A coffee dessert, yes, you know it's good news:

Chorus 4

          Em   Emaug   Em⁶
But you'll have to have them all pulled out

         Emaug C   G
After the Savoy truffle.

          Em   Emaug   Em⁶
But you'll have to have them all pulled out

         Emaug C   G
After the Savoy truffle.

Sexy Sadie

Words & Music by
John Lennon & Paul McCartney

C   D   G   F♯7   F   D7

Bm   Am7   Bm7   Cmaj7   A7   A♭7

Intro

| C   D | G   F♯7 | F   D7 ||

Verse 1

G   F♯7 Bm
   Sexy Sadie,   what have you done?
C   D   G   F♯7
   You made a fool of everyone, _____
C   D   G   F♯7
   You made a fool of everyone. _____
       F   D7   G
Sexy Sadie, oh, what have you done?

Verse 2

G   F♯7 Bm
   Sexy Sadie,   you broke the rules
C   D   G   F♯7
   You laid it down for all to see,
C   D   G   F♯7
   You laid it down for all to see. _____
       F   D7   G
Sexy Sadie, oh, you broke the rules.

Bridge 1

G   Am7   Bm7 Cmaj7
   One sunny day the world was waiting for a lover,
G   Am7   Bm7 C
   She came along to turn on everyone. _____
       A7   A♭7   G
Sexy Sadie, the greatest of them all.

Verse 3

```
        G       F#7  Bm
Sexy Sadie,   how did you know?
   C                    D              G       F#7
   The world was waiting just for you, _____
   C                    D              G       F#7
   The world was waiting just for you, _____
         F       D7                G
Sexy Sadie, oh, how did you know?
```

Verse 4

```
        G       F#7  Bm
Sexy Sadie,   you'll get yours yet,
   C                          D      G       F#7
   However big you think you are, _____
   C          D              G       F#7
   However big you think you are. _____
         F       D7                G
Sexy Sadie, oh you'll get yours yet.
```

Bridge 2

```
   G                          Am7                    Bm7    Cmaj7
We gave her everything we owned just to sit at her table.
   G                      Am7        Bm7  C
   Just a smile would lighten everything. _____
         A7                        Ab7              G   F#7
Sexy Sadie, she's the latest and the greatest of them all.
```

Coda

```
‖: Bm7    | C   D   | G   F#7 |
      Ooh, ___

| C          D              | G   F#7 |
   She made a fool of everyone, _____
   How ever big you think you are, _____

| F          D7   | G   F#7  :‖    Repeat to fade
   Sexy Sadie.
   Sexy Sadie.
```

Sgt. Pepper's
Lonely Hearts Club Band

Words & Music by
John Lennon & Paul McCartney

Intro | A7 | A7 | C7 | G7   ‖

Verse 1

         G7   A7
It was twenty years ago today,

           C7   G7
Sergeant Pepper taught the band to play.

                            A7
They've been going in and out of style,

               C7   G7
But they're guaranteed to raise a smile.

      A7
So may I introduce to you

        C7
The act you've known for all these years:

G7   C7   G7
Sergeant Pepper's Lonely Hearts Club Band.

Link | C7 | F7 | C7 | D7 | D7   ‖

Chorus

         G   Bb   C7   G
We're Sergeant Pepper's Lonely Hearts Club Band,

      C7   G7
We hope you will enjoy the show.

G   Bb   C7   G
Sergeant Pepper's Lonely Hearts Club Band,

      A7   D7
Sit back and let the evening go.

C7   G7
Sergeant Pepper's Lonely, Sergeant Pepper's Lonely,

A7   C7   G7
Sergeant Pepper's Lonely Hearts Club Band.

Bridge

     C7
It's wonderful to be here,

     F7
It's certainly a thrill,

      C7
You're such a lovely audience,

      D7
We'd like to take you home with us,

We'd love to take you home.

Verse 2

      G7   **A7**
I don't really want to stop the show,

     C7   **G7**
But I thought you might like to know,

                            A7
That the singer's going to sing a song,

      C7   **G7**
And he wants you all to sing along.

    A7
So let me introduce to you

    C7
The one and only Billy Shears,

   G7   **C7**   **G7**
And Sergeant Pepper's Lonely Hearts Club Band, yeah!

Coda | **C** | **C**   ‖

Sgt. Pepper's Lonely Hearts Club Band (Reprise)

Words & Music by
John Lennon & Paul McCartney

F   A♭   B♭   G   C   D   A

Intro | Drums for 4 bars || F | F | F | F ||

Verse 1
```
        F              A♭      B♭      F
We're Sergeant Pepper's Lonely Hearts Club Band,
    B♭                      F
We hope you have enjoyed the show.
                  A♭      B♭      F
Sergeant Pepper's Lonely Hearts Club Band,
        G              C
We're sorry, but it's time to go.
B♭                      F
Sergeant Pepper's Lonely, Sergeant Pepper's Lonely,
G                      D
Sergeant Pepper's Lonely, Sergeant Pepper's Lonely.
```

Verse 2
```
        G              B♭      C      G
Sergeant Pepper's Lonely Hearts Club Band,
        C                      G
We'd like to thank you once again.
        G              B♭      C              G
Sergeant Pepper's one and only Lonely Hearts Club Band,
        A                      D
It's getting very near the end.
        C                      G
Sergeant Pepper's Lonely, Sergeant Pepper's Lonely,
        A                      C      G
Sergeant Pepper's Lonely Hearts Club Band.
```

Coda | B♭ | C | G | 𝄃

Sun King

Words & Music by
John Lennon & Paul McCartney

Intro

| E | E | E | E | |

‖: F♯m7 | F♯m7 B6 | E6 | E :‖ *Play 3 times*

F/G
Ah. _____

Chorus

C   Cmaj7   Gm7   A7
Here come the Sun   King,

C   Cmaj7   Gm7   A7
Here come the Sun   King,

F   D7
   Everybody's laughing,

F   D7
   Everybody's happy,

C   Em7   C7   F
Here come the Sun King.

Verse 1

F♯m7   B6 E6 E
Quando paramucho mi amore defelice carafon,

F♯m7   B6 E6 E
Mundo paparazzi mi amore chicka ferdy parasol,

F♯m7   B6 E6 E6*
Cuesto obrigado tanta mucho que can eat it carousel.

She Came In Through The Bathroom Window

Words & Music by
John Lennon & Paul McCartney

Verse 1

A   D   Dsus4 D
She came in through the bathroom window,

A   F#m   D   Dsus4 D
Protected by a silver spoon.

A   F#m   D   Dsus4
But now she sucks her thumb and wonders

         D
By the banks of her own lagoon.

Bridge 1

A   Dm
Didn't anybody tell her?

A   Dm
Didn't anybody see? ___

G7   C   G/B Am7
Sunday's on the phone to Monday,

G7   C   A
Tuesday's on the phone to me.

Verse 2

(A)   D   Dsus4 D
She said she'd always been a dancer,

A   F#m   D   Dsus4 D
She worked at fifteen clubs a day,

A   F#m   D   Dsus4
And though she thought I knew the answer,

         D
Well, I knew what I could not say.

Verse 3

    A   D   Dsus4 D
And so I quit the police department,

    A   F♯m   D   Dsus4 D
And got myself a steady job.

    A   F♯m   D   Dsus4
And though she tried her best to help me,

            D
She could steal, but she could not rob.

Bridge 2

    A   Dm
Didn't anybody tell her?

    A   Dm
Didn't anybody see? ___

G7   C   G/B Am7
Sunday's on the phone to Monday,

G7   C
Tuesday's on the phone to me,

    A
Oh yeah.

She Loves You

Words & Music by
John Lennon & Paul McCartney

Intro

    Em
She loves you, yeah, yeah, yeah,

    A⁷
She loves you, yeah, yeah, yeah,

    C   **G**
She loves you, yeah, yeah, yeah, yeah.

Verse 1

    (G)   **Em⁷**
You think you lost your love,

    Bm   **D**
Well I saw her yesterday – yi – yay.

  G   **Em⁷**
It's you she's thinking of,

    Bm   **D**
And she told me what to say – yi – yay.

      G   **Em**
She says she loves you, and you know that can't be bad,

      Cm   **D**
Yes, she loves you, and you know you should be glad.

Verse 2

    G   **Em⁷**
She said you hurt her so,

 Bm   **D**
She almost lost her mind.

   G   **Em⁷**
But now she says she knows,

    Bm   **D**
You're not the hurting kind.

      G   **Em**
She says she loves you, and you know that can't be bad,

      Cm   **D**
Yes, she loves you, and you know you should be glad. Ooh.

Chorus 1

       Em
She loves you, yeah, yeah, yeah,

       A7
She loves you, yeah, yeah, yeah.

         Cm
With a love like that,

       D7   **G**
You know you should be glad.

Verse 3

       G   **Em7**
You know it's up to you,

  Bm   **D**
I think it's only fair.

G   **Em7**
Pride can hurt you too,

  Bm   **D**
Apologise to her.

            G   **Em**
Because she loves you, and you know that can't be bad,

          Cm   **D**
Yes, she loves you, and you know you should be glad.   Ooh.

Chorus 2

       Em
She loves you, yeah, yeah, yeah,

       A7
She loves you, yeah, yeah, yeah.

       Cm
With a love like that,

       D7   **G**   **Em**
You know you should be glad.

        Cm   **N.C.**
With a love like that,

       D   **G**   **Em**
You know you should be glad.

        Cm   **N.C.**
With a love like that,

       D7   **G**
You know you should be glad.

Em
   Yeah, yeah, yeah,

C   **G6**
Yeah, yeah, yeah, yeah.

She Said She Said

Words & Music by
John Lennon & Paul McCartney

Capo first fret

Intro | **A⁷** | **A⁷**   ‖

Verse 1
A⁷   **G**   **D**
She said, _____
         A⁷   **G**   **D**
"I know what it's like to be dead.
        A⁷   **G**   **D**
I know what it is to be sad."
      A⁷   **G**   **D**   **A⁷**
And she's making me feel like I've never been born.

| **A⁷** **G** | **D** **A⁷** ‖

Verse 2
A⁷   **G**   **D**
I said, _____
         A⁷   **G**   **D**
"Who put all those things in your head?
       A⁷   **G**   **D**
Things that make me feel that I'm mad,
      A⁷   **G**   **D**   **A⁷**
And you're making me feel like I've never been born."

| **A⁷** **G** | **D** **A⁷** ‖

Bridge 1
A⁷   **G**   **A⁷**
She said, "You don't understand what I said."
   G   **A⁷**
I said, "No, no, no, you're wrong.
       Em   **A⁷**
When I was a boy
       D   **A⁷**   **D**
Everything was right,   everything was right."

Verse 3

A⁷   **G**   **D**
I said, _____

              A⁷   **G**   **D**
"Even though you know what you know,

           A⁷   **G** **D**
I know that I'm ready to leave,

           A⁷   **G**   **D**   **A⁷**
'Cause you're making me feel like I've never been born."

| **A⁷** **G** | **D** **A⁷** ‖

Bridge 2

A⁷   **G**   **A⁷**
She said, "You don't understand what I said."

       G   **A⁷**
I said, "No, no, no, you're wrong.

        Em   **A⁷**
When I was a boy

       D   **A⁷**   **D**
Everything was right,   everything was right."

Verse 4

A⁷   **G**   **D**
I said, _____

              A⁷   **G**   **D**
"Even though you know what you know,

           A⁷   **G** **D**
I know that I'm ready to leave,

           A⁷   **G**   **D**   **A⁷**
'Cause you're making me feel like I've never been born."

| **A⁷** **G** | **D** **A⁷** ‖

Coda

A⁷
She said, (she said,)

"I know what it's like to be dead,"

(I know what it's like to be dead,)

"I know what it is to be sad,"

(I know what it is to be sad,)

"I know what it's like to be dead."   *Fade out*

She's A Woman

Words & Music by
John Lennon & Paul McCartney

Intro | E7 | E7 | D7 | D7 | A7 | A7 | A7 | A7 ||

Verse 1

A7   D7   A7
My love don't give me presents,

        D7   A7
I know that she's no peasant,

D7
Only ever has to give me love forever and forever.

    A7   D7   A7
My love don't give me presents,

E7
Turn me on when I get lonely,

D7   A7
People tell me that she's only foolin',

    D7   A7   E7*
I know she isn't.

Verse 2

    A7   D7   A7
She don't give boys the eye,

        D7   A7
She hate to see me cry,

D7
She is happy just to hear me say that I will never leave her.

A7   D7   A7
She don't give boys the eye,

E7
She will never make me jealous,

D7   A7
Give me all her time as well as lovin',

    D7   A7
Don't ask me why.

Bridge 1

C#m   F#
She's a woman who understands,
C#m   D   E
She's a woman who loves her man.

Verse 3

As Verse 1

Intro

| A7 | A7 | A7 | A7 | D7 | D7 | |

| A7 | A7 | E7 | D7 | A7 | E7* ||

Bridge 2

C#m   F#
She's a woman who understands,
C#m   D   E
She's a woman who loves her man.

Verse 4

A7   D7   A7
My love don't give me presents,
             D7   A7
I know that she's no peasant,
D7
Only ever has to give me love forever and forever.
    A7   D7   A7
My love don't give me presents,
E7
Turn me on when I get lonely,
D7   A7
People tell me that she's only foolin',
   D7   A7
I know she isn't.

Coda

         A7
She's a woman, she's a woman,
        D7   A7
She's a woman, she's a woman… *Fade out*

She's Leaving Home

Words & Music by
John Lennon & Paul McCartney

Intro | E | E | E | E ||

Verse 1
E   Bm   F♯m7   C♯m7   F♯7
Wednesday morning at five o'clock, as the day begins.
B7sus4   B
Silently closing her bedroom door,
B7sus4   B
Leaving the note that she hoped would say more.

Verse 2
       E Bm   F♯m7   C♯m7   F♯7
She goes downstairs to the kitchen clutching her handkerchief.
B7sus4   B
Quietly turning the back door key,
B7sus4   B
Stepping outside she is free.

Chorus 1
E
She (We gave her most of our lives)

Is leaving (Sacrificed most of our lives)
             Bm/D   (C♯m7)
Home. (We gave her everything money could buy.)
C♯m7   F♯7
She's leaving home after living alone (Bye, bye)
    C♯m7   F♯7
For so many years.

Verse 3

E Bm F#m7 C#m7 F#7
Father snores as his wife gets into her dressing gown.

B7sus4 B
Picks up the letter that's lying there.

B7sus4 B
Standing alone at the top of the stairs.

Verse 4

E Bm F#m7
She breaks down and cries to her husband,

C#m7 F#7
"Daddy, our baby's gone!"

B7sus4 B
"Why would she treat us so thoughtlessly?

B7sus4 B
How could she do this to me?"

Chorus 2

E
She (We never thought of ourselves)

Is leaving (Never a thought for ourselves)

Bm/D (C#m7)
Home. (We've struggled hard all our lives to get by.)

C#m7 F#7
She's leaving home after living alone (Bye, bye)

C#m7 F#7
For so many years.

Verse 5

E Bm F#m7 C#m7 F#7
Friday morning at nine o'clock, she is far away.

B7sus4 B
Waiting to keep the appointment she made,

B7sus4 B
Meeting a man from the motor trade.

Chorus 3

E
She (What did we do that was wrong?)

Is having (We didn't know it was wrong)

Bm/D (C#m7)
Fun. (Fun is the one thing that money can't buy)

C#m7 F#7
Something inside that was always denied (Bye, bye)

C#m7 F#7
For so many years.

C#m7 F#7
She's leaving home.

A E
(Bye, bye.)

Something

Words & Music by
George Harrison

Intro | F E♭ G/D ‖

Verse 1

    C   Cmaj7
Something in the way she moves

    C7   F   F/E
  Attracts me like no other lover.

    D7   G
Something in the way she woos me.

     Am   Am(maj7)
I don't want to leave her now,

       Am7   D9
You know I believe, and how.

| F E♭ G/D ‖

Verse 2

    C   Cmaj7
Somewhere in her smile she knows

    C7   F   F/E
  That I don't need no other lover.

    D7   G
Something in her style that shows me.

     Am   Am(maj7)
I don't want to leave her now,

       Am7   D9
You know I believe, and how.

| F E♭ G/D | A   ‖

Bridge

A   C#m/G#   F#m7 A/E
    You're asking me will my love grow,

       D   G   A
I don't know, I don't know.

A   C#m/G#   F#m7 A/E
    You stick around now, it may show,

       D   G   C
I don't know, I don't know.

Solo

| C | Cmaj7 | C7 | F F/E | D7 | G | |

| Am Am(maj7) | Am7 D9 | F Eb G/D ||

Verse 3

C   Cmaj7
Something in the way she knows,

C7   F   F/E
    And all I have to do is think of her.

D7   G
Something in the things she shows me.

  Am   Am(maj7)
I don't want to leave her now,

   Am7   D9
You know I believe, and how.

Coda

| F Eb G/D | A | F Eb G/D | C ||

Strawberry Fields Forever

Words & Music by
John Lennon & Paul McCartney

Capo first fret

Intro
| E* Emaj⁷ | E 7 | F♯m* E* | D* A* ||

Chorus 1

(A)
Let me take you down,
          Em⁷
'Cause I'm going to

Strawberry Fields.
F♯7
Nothing is real,
     D   **F♯7**
And nothing to get hung about.
D   **A**
Strawberry Fields forever.

Verse 1

E*   **Emaj⁷** **E7**
Living is easy with eyes closed,
F♯m   **E**   **D**
Misunderstanding all you see.
        E   **A**
It's getting hard to be someone,
        F♯m
But it all works out;
D   **E**   **D** **A**
It doesn't matter much to me.

Chorus 2   As Chorus 1

Verse 2

      E*   **Emaj⁷**   **E⁷**
No-one I think is in my tree,

    F♯m   **E**   **D**
  I mean, it must be high or low.

             E   **A**
That is, you can't, you know, tune in,

        F♯m
But it's all right.

D   **E**   **D**   **A**
  That is, I think it's not too bad.

Chorus 3   As Chorus 1

Verse 3

      E*   **Emaj⁷**   **E⁷**
Always know, sometimes think it's me,

    F♯m   **E**   **D**
  But you know, I know when it's a dream.

         E   **A**
I think a 'No', I mean a 'Yes',

        F♯m
But it's all wrong.

D   **E**   **D**   **A**
  That is, I think I disagree.

Chorus 4

    (A)
  Let me take you down,

              Em⁷
'Cause I'm going to

Strawberry Fields.

F♯7
  Nothing is real,

       D   **F♯7**
And nothing to get hung about.

D   **A**   **F♯m**
Strawberry Fields forever,

D   **A**
Strawberry Fields forever,

D   **E**   **D**
Strawberry Fields forever.

Coda   ‖: **A** | **A** | **A** | **A**   :‖ *Repeat to fade*

Taxman

Words & Music by
George Harrison

Intro | D7 | D7   ‖

Verse 1
           D7   **D7♯9**
Let me tell you how it will be:
D7   **D7♯9**
   There's one for you, nineteen for me,
D7   **C**
   'Cause I'm the Taxman,
                 G7   **D7**
Yeah, I'm the   Taxman. _____

Verse 2
           D7   **D7♯9**
Should five percent appear too small,
D7   **D7♯9**
   Be thankful I don't take it all.
D7   **C**
   'Cause I'm the Taxman,
                 G7   **D7**
Yeah, I'm the   Taxman. _____

Bridge
           D7
(If you drive a car, car,) I'll tax the street,
                        C7
(If you try to sit, sit,) I'll tax your seat,
           D7
(If you get too cold, cold,) I'll tax the heat,
                        C7
(If you take a walk, walk,) I'll tax your feet…
D7
Taxman!

Solo ‖ **D7** | **D7♯9** **D7** | **D7** | **D7** | **D7** | **D7♯9** **D7** ‖

                               C
'Cause I'm the Taxman,

                G7♯9   **D7**
Yeah, I'm the   Taxman.

            D7
Verse 3   Don't ask me what I want it for.
D7♯9   **D7**
(A-ah Mister Wilson!)

If you don't want to pay some more.
D7♯9   **D7**
(A-ah Mister Heath!)

                 C
'Cause I'm the Taxman,

                G7♯9   **D7**
Yeah, I'm the   Taxman.

            D7
Verse 4   Now my advice for those who die,
D7♯9   **D7**
(Taxman!)

Declare the pennies on your eyes.
D7♯9   **D7**
(Taxman!)

                 C
'Cause I'm the Taxman,

                G7♯9   **D7**
Yeah, I'm the   Taxman,

              F7
And you're working for no-one but me.

Solo ‖ **D7** | **D7** | **D7♯9** **D7** |
(me.)
(Taxman!)
‖ **D7** | **D7** | **D7** | **D7♯9** ‖ *Fade out*

Tell Me What You See

Words & Music by
John Lennon & Paul McCartney

Intro | G | G   ‖

Verse 1

G   Cadd9 D   G
If you let me take your heart,

      Cadd9 G
I will prove to you,

       Cadd9 D G
We will never be apart

Cadd9 D   G
If I'm part of you.

Chorus 1

Cadd9   G   Cadd9   G
Open up your eyes now, tell me what you see,

Cadd9 G   Cadd9 D G
It is no surprise now, what you see is me.

Verse 2

G   Cadd9   D   G
Big and black the clouds may be,

G Cadd9   G
Time will pass away,

      Cadd9   D   G
If you put your trust in me,

Cadd9   D   G
I'll make bright your day,

Chorus 2

Cadd9   G   Cadd9   G
Look into these eyes now, tell me what you see,

Cadd9   G   Cadd9 D G
Don't you realise now, what you see is me?

Bridge 1

G7   C
Tell me what you see.

```
| G      | D⁷     | G      | G      ‖
```

Verse 3

```
G        Cadd⁹  D        G
Listen to  me  one more time,
                 Cadd⁹  G
How can I   get   through?
                   Cadd⁹  D        G
Can't you try  to   see that I'm
Cadd⁹       D       G
Trying to get to you?
```

Chorus 3

```
Cadd⁹           G           Cadd⁹              G
Open up your eyes now, tell me what you see,
Cadd⁹     G           Cadd⁹   D    G
It is no surprise now, what you see is me.
```

Bridge 2

```
G⁷                  C
Tell me what you see.
```

```
| G      | D⁷     | G      | G      ‖
```

Verse 4

```
G        Cadd⁹  D        G
Listen to me one more time,
                 Cadd⁹  G
How can I get through?
                   Cadd⁹  D        G
Can't you try  to   see that I'm
C           D       G
Trying to get to you?
```

Chorus 4

```
Cadd⁹           G           Cadd⁹              G
Open up your eyes now, tell me what you see,
Cadd⁹     G           Cadd⁹   D    G
It is no surprise now, what you see is me.
G⁷                        C       G
Mmm-mmm-mmm-mmm-mmm.
```

Tell Me Why

Words & Music by
John Lennon & Paul McCartney

Intro

| Em7 A | Em7 A | Em7 A ||

Chorus 1

Em7 A   D
Tell me why you cried,

Em7   A   D Em7
And why you lied to me.

A   D
Tell me why you cried,

Em7   A   D Em7 A
And why you lied to me.

Verse 1

D   Bm
Well I gave you everything I had,

Em   A7
But you left me sitting on my own,

D   Bm
Did you have to treat me oh so bad?

Em   A7
All I do is hang my head and moan.

Chorus 2

A   D
Tell me why you cried,

Em7   A   D Em7
And why you lied to me.

A   D
Tell me why you cried,

Em7   A   D Em7 A
And why you lied to me.

Verse 2

        D   **Bm**
If it's something that I've said or done,

       Em   **A⁷**
Tell me what and I'll apologise.

        D   **Bm**
If you don't, I really can't go on,

       Em   **A⁷**
Holding back these tears in my eyes.

Chorus 3

           D
Tell me why you cried,

Em⁷   **A**   **D Em⁷**
   And why you lied to me.

A   **D**
Tell me why you cried,

Em⁷   **A**   **D D⁷**
   And why you lied to me.

Bridge

          G⁷
Well I beg you on my bended knees,

        A⁷
If you'll only listen to my pleas,

       Bm
Is there anything I can do?

        Em⁷
'Cause I really can't stand it,

     A⁷   **D**
I'm so in love with you.

Chorus 4

N.C.   **D**
   Tell me why you cried,

Em⁷   **A**   **D Em⁷**
   And why you lied to me.

A   **D**
Tell me why you cried,

Em⁷   **A**   **Bm B♭⁷ Asus⁴ A⁶ D**
   And why you lied to me.

Thank You Girl

Words & Music by
John Lennon & Paul McCartney

Intro

| A⁷ | G |

Verse 1

A⁷   G
Oh,   oh,

D   G   D   G
You've ___ been good to me,

              D   A⁷   D   G
You made me glad ___ when I was blue.

D   G   D   G
And ___ eternally, ___

            D   A⁷   D
I'll always be ___ in love with you,

Chorus 1

       G   A⁷   G
And all I gotta do is thank you girl,

A⁷
Thank you girl.

Verse 2

D   G   D   G
I ___ could tell the world ___

          D   A⁷   D   G
A thing or two ___ about our love.

D   G   D   G
I ___ know little girl, ___

         D   A⁷   D
Only a fool ___ would doubt our love,

Chorus 2

       G   A⁷   G
And all I gotta do is thank you girl,

A⁷
Thank you girl.

Bridge	**Bm** **D** **A7** Thank you girl for loving me the way that you do,

(Way that you do,)

Em   **A7**   **D**
That's the kind of love that is too good to be true,

Chorus 3

    G   **A7** **G**
And all I gotta do is thank you girl,
A7
Thank you girl.

Link   │ **A7**   │ **G**   ║

Verse 3

A7 **G**
Oh, oh,
D   **G**   **D** **G**
You've ___ been good to me,
          D **A7**   **D** **G**
You made me glad ___ when I was bluc.
D **G**   **D** **G**
And ___ eternally, ___
       D **A7**   **D**
I'll always be ___ in love with you,

Chorus 4

    G   **A7** **G**
And all I gotta do is thank you girl,
A7
Thank you girl.

Link   │ **A7**   │ **G**   ║

Coda

A7 **G** **D** **G** **D** **G**
Oh, oh, oh!
A7 **G** **D** **G** **D** **G**
Oh, oh, oh!
A7 **G** **D**
Oh, oh!

That Means A Lot

Words & Music by
John Lennon & Paul McCartney

Intro | E | E   ‖

Verse 1
E   Am   E
A friend says that your love won't mean a lot,
                          Am   F♯m7   B7
But you know that your love is all you've got.
      G   Am   G   F♯m7 B7
At times, things are so fine, and at times they're not,
            E   A
But when she says she loves you,
B
That means a lot.

| E | E   ‖
(lot.)

Verse 2
E   Am   E
A friend says that a love is never true,
                        Am   F♯m7   B7
But you know that does not apply to you. ____
      G   Am   G   F♯m7 B7
A touch can mean so much when it's all you've got
            E   A
And when she says she loves you,
B
That means a lot.

| E | E   ‖
(lot.)   (Love can.)

Bridge

E   G♯ C♯m
Love can be,   deep inside,

E   G♯ C♯m
Love can be,   suicide,

      C♯m(maj7) E   B7
Can't you   see you can't hide

         C♯m   G♯
What you feel when it's real?

Verse 3

     E   Am   E
A friend says that your love won't mean a lot,

                            Am   F♯m7 B7
But you know that your love is all you've got. ____

    G   Am   G F♯m7 B7
A touch can mean so much when it's all you've got

      E   A
But when she says she loves you,

B   E
That means a lot.

Coda

C♯m   C♯m(maj7) E   C♯m
 Can't you   see, yeah.

          C♯m(maj7) E   C♯m
‖: Can't you   see, yeah. :‖ *Repeat to fade*

The Ballad Of John And Yoko

Words & Music by
John Lennon & Paul McCartney

Intro | E | E ||

Verse 1
      E
Standing in the dock at Southampton,

Trying to get to Holland or France.
      E7
The man in the mac said,

"You've got to go back,"

You know they didn't give us a chance.

Chorus 1
              A
Christ! You know it ain't easy,
              E
You know how hard it can be.
          B7
The way things are going,
           E
They're gonna crucify me.

Verse 2
      E
Finally made the plane into Paris,

Honeymooning down by the Seine.
      E7
Peter Brown called to say,

"You can make it OK,

You can get married in Gibraltar, near Spain."

Chorus 2   As Chorus 1

Verse 3

E
Drove from Paris to the Amsterdam Hilton,

Talking in our beds for a week.

E7
The newspeople said,

"Say what you doing in bed?"

I said, "We're only trying to get us some peace."

Chorus 3   As Chorus 1

Bridge

A
Saving up your money for a rainy day,

Giving all your clothes to charity.

Last night the wife said,

"Oh boy when you're dead,

B7
You don't take nothing with you but your soul."

Think!

Verse 4

E
Made a lightning trip to Vienna,

Eating chocolate cake in a bag.

E7
The newspapers said,

"She's gone to his head,

They look just like two gurus in drag."

Chorus 4

A
Christ! You know it ain't easy,

E
You know how hard it can be.

B7
The way things are going,

E
They're gonna crucify me.

Verse 5   E
Caught the early plane back to London,

Fifty acorns tied in a sack.
          E7
The men from the press said,

"We wish you success,

It's good to have the both of you back."

                      A
Chorus 5   Christ! You know it ain't easy,
                  E
You know how hard it can be.
            B7
The way things are going,
             E
They're gonna crucify me.

            B7
Coda   The way things are going,
             E
They're gonna crucify me.

| B7 | B7 | E | E6 |

The End

Words & Music by
John Lennon & Paul McCartney

Intro A | D B | E A | A B⁷ | B⁷ A | N.C. | Drums ‖

     A D B E
     Oh yeah! All right!
     A   B⁷ A
     Are you gonna be in my dreams tonight?

Link | Drums for 8 bars ‖ A⁷ | D⁷ | A⁷ | D⁷ ‖

Verse 1 A⁷   D⁷ A⁷ D⁷
     Love you, love you, love you, love you,
     A⁷   D⁷
     Love you, love you.

                  Play 3 times

Solo   ‖: A⁷ | D⁷ | A⁷ | D⁷ | A⁷ | D⁷ :‖
     (Love you, love you, love you, love you, love you, love you.)

Piano link | A | A ‖

Coda A
     And in the end,
       G/A
     The love you take
       F   Dm⁷ G⁷ C
     Is equal to the love you make. ____
         D/C Cm⁷ F/C C
     Ah. ____

The Continuing Story Of Bungalow Bill

Words & Music by
John Lennon & Paul McCartney

Intro | Emadd9 | (Emadd9) | (Emadd9) | (Emadd9) ||

Chorus 1

C   G   C
Hey, Bungalow Bill,

Fm   C
What did you kill,

Fm   G
Bungalow Bill?

A E   A
Hey, Bungalow Bill,

Dm   A
What did you kill,

Dm   E
Bungalow Bill?

Verse 1

Am   Am/C   F   G
He went out tiger hunting, with his elephant and gun.

Am   Am/C   F   G
In case of accidents, he always took his mom.

E   G   Am   Fm
He's the all-American, bullet-headed, saxon mother's son.

N.C.
(All the children sing!)

Chorus 2   As Chorus 1

Verse 2

```
      Am          Am/C          F              G
      Deep in the jungle, where the mighty tiger lies,
      Am          Am/C          F              G
      Bill and his elephants were taken by surprise.
      E           G                   Am             Fm
      So Captain Marvel zapped him right between the eyes.
      N.C.
      (All the children sing!)
```

Chorus 3

```
      C   G        C
      Hey, Bungalow Bill,
      Fm           C
      What did you kill,
      Fm        G
      Bungalow Bill?
      A    E        A
      Hey, Bungalow Bill,
      Dm           A
      What did you kill,
      Dm        E
      Bungalow Bill?
```

Verse 3

```
      Am          Am/C          F              G
      The children asked him if to kill was not a sin:
      Am          Am/C          F              G
      "Not when he looks so fierce," his mommy butted in.
      E           G                   Am             Fm
      If looks could kill, it would have been us instead of him.
      N.C.
      (All the children sing!)
```

Chorus 4   ‖: As Chorus 1 :‖ *Repeat to fade*

The Fool On The Hill

Words & Music by
John Lennon & Paul McCartney

Intro | D6 | D6 ||

Verse 1
$\quad$ D6 $\qquad\qquad$ Em/D
Day after day, alone on a hill,
$\qquad$ D6 $\qquad\qquad\qquad\qquad\qquad$ Em/D
The man with the foolish grin is keeping perfectly still.
$\qquad$ Em7 $\qquad\qquad$ A7
But nobody wants to know him,
$\qquad\qquad$ D6 $\qquad\qquad$ Bm7
They can see that he's just a fool.
$\qquad$ Em7 $\qquad\qquad\qquad$ A7
And he never gives an answer;

Chorus 1
$\qquad\qquad$ Dm Dmaug Dm
But the fool $\;\;$ on $\;\;$ the $\;\;$ hill
$\qquad\qquad$ Dmaug
Sees the sun going down,
$\qquad$ C7
And the eyes in his head
$\qquad\qquad$ Dm $\qquad\qquad$ Dm7 D6
See the world spinning round.

Verse 2
$\quad$ D6 $\qquad\qquad$ Em/D
Well on the way, his head in a cloud,
$\qquad$ D6 $\qquad\qquad\qquad\qquad$ Em/D
The man of a thousand voices talking perfectly loud.
$\qquad$ Em7 $\qquad$ A7
But nobody ever hears him,
$\qquad\qquad$ D6 $\qquad\qquad$ Bm7
Or the sound he appears to make.
$\qquad$ Em7 $\qquad\qquad\qquad$ A7
And he never seems to notice;

Chorus 2   As Chorus 1

Solo   ‖: D6 | D6 | Em/D | Em/D   :‖

                    Em7   A7
Verse 3   And nobody seems to like him,
                           D6   Bm7
              They can tell what he wants to do.
                    Em7   A7
              And he never shows his feelings;

                           Dm Dm aug Dm
Chorus 3   But the fool   on   the   hill
                           Dm aug
              Sees the sun going down,
                    C7
              And the eyes in his head
                           Dm   Dm7
              See the world spinning round.
              D6   Em/D
                (Oh, _____   oh, _____
              D6   Em/D
              'Round, 'round, 'round, 'round, 'round.)

                    Em7   A7
Verse 4   And he never listens to them,
                    D6   Bm7
              He knows that they're the fool.
              Em7   A7
                They don't like him;

                    Dm Dm aug Dm
Chorus 4   The fool   on   the   hill
                           Dm aug
              Sees the sun going down,
                    C7
              And the eyes in his head
                           Dm   Dm7
              See the world spinning round.

                    D6
              ‖:   (Oh, _____

              Em7/D
              'Round, 'round, 'round,

              'Round, and...)   :‖ *Repeat to fade*

The Inner Light

Words & Music by
George Harrison

Capo first fret

Intro
‖: (D5) | (D5) | (D5) | (D5) | (D5) :‖

Verse 1
```
        D       D7      G/D
Without going out of my door,
        D       D7      Em/D
I can know all things on earth.
        D           D7      Em
Without looking out of my window,
        D       D7      G/D
I can know the ways of heaven.
```

Chorus 1
```
        G/D             D
The farther one travels,
                D7
The less one knows,
        D           G/D     D
The less one really knows.
```

Link
‖: D5 | D5 | D5 | D5 | D5 :‖

Verse 2
```
        D       D7      Em/D
Without going out of your door,
        D       D7      G/D
You can know all things on earth.
        D           D7      Em
Without looking out of your window,
        D       D7      G/D
You can know the ways of heaven.
```

Chorus 2
      G/D   **D**
The farther one travels,

           D7
The less one knows,

     D   **G/D** **D**
The less one really knows.

Verse 3
D | **D** | **D** |
Arrive without travelling
D
See all without looking,

Do all without doing.

Coda | **D** | **D** | **(D5)** | **(D5)** | **(D5)** | **(D5)** ‖

The Long And Winding Road

Words & Music by
John Lennon & Paul McCartney

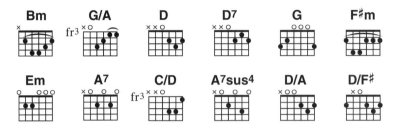

Capo first fret

Verse 1

       Bm   **G/A**
The long and winding road,

     D **D7**   **G**
That leads to your door

      F♯m   **Bm**
Will never disappear.

Em   **A7**   **C/D**
  I've seen that road before.

G **F♯m**   **Bm**
  It always leads me here,

Em   **A7** **A7sus4** **D**
  Lead me to   your door.

Verse 2

       Bm   **G/A**
The wild and windy night

       D **D7**   **G**
That the rain washed away,

      F♯m **Bm**
Has left a pool of tears

Em   **A7**   **C/D**
  Crying for the day.

G   **F♯m**   **Bm**
  Why leave me standing here?

Em   **A7**   **A7sus4** **D**
Let me know the   way.

Bridge 1

D/A   G
Many times I've been alone,
    D/F♯   Em A7
And many times I've cried.
D/A   G
Anyway, you'll never know
    D/F♯   Em A7
The many ways I've tried.

Verse 3

    Bm   G/A
And still they lead me back
        D D7   G
To the long winding road.
   F♯m   Bm
You left me standing here
Em   A7   C/D
 A long, long time ago.
G   F♯m   Bm
 Don't leave me waiting here,
Em   A7   A7sus4 D
 Lead me to your   door.

Bridge 2

‖: D/A G | D/F♯ Em A7 :‖

Verse 4

    Bm   G/A
But still they lead me back
        D   D7   G
To the long, winding road.
   F♯m   Bm
You left me standing here
Em   A7   C/D
 A long, long time ago.
G   F♯m   Bm
 Don't keep me waiting here,
Em   A7   D
 Lead me to your door.
G/A   D
 (Yeah, yeah, yeah, yeah.)

The Night Before

Words & Music by
John Lennon & Paul McCartney

Intro | D | D | F | F | G7 | G7 | A7 | A7 ‖

Verse 1

D   C
We said our goodbyes,

G   A
(Ah, the night before,)

D   C
Love was in your eyes,

G   A
(Ah, the night before,)

Bm   Gm6 Bm   Gm6
Now today I find, you have changed your mind,

D   G7   D F G
Treat me like you did the night before.

Verse 2

D   C
Were you telling lies?

G   A
(Ah, the night before.)

D   C
Was I so unwise?

G   A
(Ah, the night before.)

Bm   Gm6 Bm   Gm6
When I held you near, you were so sincere,

D   G7   D
Treat me like you did the night before.

Bridge 1

Am   D7   G   C/G G
Last night is the night I will remember you by,

Bm   E7   A7
When I think of things we did, it makes me wanna cry.

Verse 3

D   C
We said our goodbyes,

G   A
(Ah, the night before,)

D   C
Love was in your eyes,

G   A
(Ah, the night before,)

Bm   Gm6 Bm   Gm6
Now today I find, you have changed your mind,

D   G7   D F G
Treat me like you did the night before,   yes…

Solo   ‖: D | C | G | A   :‖

Verse 4

Bm   Gm6 Bm   Gm6
When I held you near, you were so sincere,

D   G7   D
Treat me like you did the night before.

Bridge 2

Am   D7   G   C/G G
Last night is the night I will remember you by,

Bm   E7   A7
When I think of things we did, it makes me wanna cry.

Verse 5

D   C
Were you telling lies?

G   A
(Ah, the night before.)

D   C
Was I so unwise?

G   A
(Ah, the night before.)

Bm   Gm6 Bm   Gm6
When I held you near, you were so sincere,

D   G7   D
Treat me like you did the night before.

F   D
Like the night before.

The Word

Words & Music by
John Lennon & Paul McCartney

Intro

| D7♯9 | D7♯9 ||

Chorus 1

D7♯9
Say the word and you'll be free,

Say the word and be like me.
G7
Say the word I'm thinking of,
D7♯9
Have you heard? The word is love.
Asus4 A   Gsus4 G
It's so   fine, it's sun - shine,
D7♯9
It's the word love.

Verse 1

D   **Cadd9**
  In the beginning, I misunderstood,
F   **G**
  But now I've got it, the word is good.

Chorus 2

D7♯9
Spread the word and you'll be free,

Spread the word and be like me.
G7
Spread the word I'm thinking of,
D7♯9
Have you heard? The word is love.
Asus4 A   Gsus4 G
It's so   fine, it's sun - shine,
D7♯9
It's the word love.

Verse 2

    D   Cadd9
Everywhere I go I hear it said,

    F   G
In the good and the bad books that I have read.

Chorus 3   As Chorus 1

Verse 3

    D   Cadd9
Now that I know what I feel must be right,

    F   G
I'm here to show everybody the light.

Chorus 4

              D7♯9
Give the word a chance to say,

That the word is just the way.

            G7
It's the word I'm thinking of,

            D7♯9
And the only word is love.

      Asus4 A   Gsus4 G
It's so   fine, it's sun - shine,

            D7♯9
It's the word love.

Solo | D | Cadd9 | F | G | D7♯9 | D7♯9 ||

Coda

            D7♯9
Say the word love,

            G7
Say the word love,

            D7♯9
Say the word love,

      Asus4 A Gsus4 G   D7♯9
Say the word _____ love.

| D | Cadd9 | F | *Fade out*

There's A Place

Words & Music by
John Lennon & Paul McCartney

Intro | E | A | E | A ||

Verse 1

N.C.
There _____

     E **A**   **E**
Is a place where I can go,

A   **E**
  When I feel low,

C♯m   **B7**
  When I feel blue,

           G♯m **A***
And it's my mind, _____

         E   **A**
And there's no time _____

     F♯m **C♯m/G♯**
When I'm alone.

Verse 2

N.C.
I _____

      E
Think of you

A   **E**
  And things you do

A   **E**
  Go round my head,

C♯m   **B7**
  The things you've said,

      A   **B7**
Like, I love only you. ____

Bridge

C#m   F#
In my mind there's no sorrow,

E   G#7
Don't you know that it's so?

C#m   F#
There'll be no sad tomorrow,

E   G#7   C#m
Don't you know that it's so?

Verse 3

N.C.
There _____

    E   A   E
Is a place   where I can go,

A   E
When I feel low,

C#m   B7
When I feel blue,

            G#m   A*
And it's my mind, _____

              E   A
And there's no time ___ _

      F#m C#m/G#
When I'm alone.

Coda

N.C.   E   A
There's a place,

          E   A
There's a place,

          E   A
There's a place,

          E   A
𝄆 There's a place.   𝄇 *Repeat to fade*

Things We Said Today

Words & Music by
John Lennon & Paul McCartney

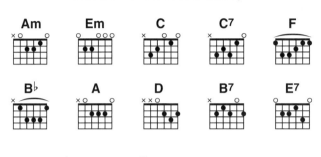

Intro

| Am | Am | ‖

Verse 1

Am   Em   Am   Em   Am
You say you will love me if I have to go,

        Em   Am   Em Am
You'll be thinking of me, somehow I will know.

C   C7
Someday when I'm lonely,

F   Bb
Wishing you weren't so far away,

Am Em Am   Em Am
Then I will remember things we said today.

Verse 2

Am   Em   Am   Em   Am
You say you'll be mine, girl, till the end of time,

        Em   Am   Em   Am
These days, such a kind girl seems so hard to find.

C   C7
Someday when we're dreaming

F   Bb
  Deep in love, not a lot to say,

Am Em Am   Em   A
Then we will remember things we said today.

Bridge 1

  A   **D**
Me, I'm just the lucky kind,

B7   **E7**   **A**
Love to hear you say that love is love,

       D
And though we may be blind,

B7   **B♭**
Love is here to stay.

And that's:

Verse 3

  Am **Em** **Am**   **Em** **Am**
Enough to make you mine, girl, be the only one.

     Em **Am**   **Em** **Am**
Love me all the time, girl, we'll go on and on.

C   **C7**
Someday when we're dreaming,

F   **B♭**
Deep in love, not a lot to say,

Am **Em** **Am**   **Em** **A**
Then we will remember things we said today.

Bridge 2 As Bridge 1

Verse 4

  Am **Em** **Am**   **Em** **Am**
Enough to make you mine, girl, be the only one.

     Em **Am**   **Em** **Am**
Love me all the time, girl, we'll go on and on.

C   **C7**
Someday when we're dreaming,

F   **B♭**
Deep in love, not a lot to say,

Am **Em** **Am**   **Em**
Then we will remember things we said to-day.

Coda ‖: **Am** | **Am** | **Am** | **Am** :‖ *Repeat to fade*
     (-day.)

Think For Yourself

Words & Music by
George Harrison

Intro | G7 | G7 ||

Verse 1

Am   Dm
I've got a word or two
B♭   C   G7
To say about the things that you do.
Am   Dm
You're telling all those lies
B♭   C   G7
About the good things that we can have
        Am
If we close our eyes.

Chorus 1

C7
Do what you want to do,
   G7
And go where you're going to,
E♭/B♭
Think for yourself,
      D7   G7
'Cause I won't be there with you.

Verse 2

Am   Dm
I left you far behind
B♭   C   G7
The ruins of the life that you have in mind.
Am   Dm
And though you still can't see,
B♭   C
I know your mind's made up,
      G7   Am
You're gonna cause more misery.

Chorus 2

                        C7
                        Do what you want to do,
                           G7
                        And go where you're going to,
                        E♭/B♭
                        Think for yourself,
                             D7   **G7**
                        'Cause I won't be there with you.

Verse 3

                        Am   **Dm**
                           Although your mind's opaque,
                        B♭   **C**
                           Try thinking more,
                              G7
                           If just for your own sake.
                        Am   **Dm**
                           The future still looks good,
                        B♭   **C**   **G7**
                           And you've got time to rectify
                                      Am
                        All the things that you should.

Chorus 3

                        C7
                        Do what you want to do,
                           G7
                        And go where you're going to,
                        E♭/B♭
                        Think for yourself,
                             D7   **G7**
                        'Cause I won't be there with you.

Chorus 4

                        C7
                        Do what you want to do,
                           G7
                        And go where you're going to,
                        E♭/B♭
                        Think for yourself,
                             D7   **C7**   **G7**
                        'Cause I won't be there with you.
                        E♭/B♭
                        Think for yourself,
                             D7   **C7**   **G7**
                        'Cause I won't be there with you.

This Boy

Words & Music by
John Lennon & Paul McCartney

Intro | D* Dadd9 D* ‖ D   Bm7 | Em7   A   ‖

Verse 1

Dmaj7   Bm7   Em7
That boy _____

                       A   Dmaj7   Bm7
Took my love away, ____

Em7   A   Dmaj7 Bm7
   Though he'll regret it someday, ____

         Em7 N.C.
But this   boy

A   N.C.   D   Bm7 Em7   A
Wants you back again. _____

Verse 2

Dmaj7   Bm7   Em7
That boy _____

             A   Dmaj7 Bm7
Isn't good for you, ____

Em7   A   Dmaj7 Bm7
   Though he may want you too, ____

Em7   N.C.
This   boy

A   N.C.   D   D9
Wants you back again.

Bridge

             G   F#7
Oh, and this boy would be happy,

           Bm   D   D7
Just to love you, but oh my-hi-hi-hi-a,

G   E9
That boy won't be happy

A   N.C.
Till he's seen you cry. ____

Verse 3

Dmaj7   Bm7   Em7
This boy ____

              A   Dmaj7 Bm7
Wouldn't mind the pain, ____

Em7   A   Dmaj7 Bm7
  Would always feel the same, ____

  Em7 N.C.
If this boy

A   N.C.   D   Bm7 Em7 A
Gets you back again.

Coda

Dmaj7 Bm7   Em7 A
This boy, ____

 Dmaj7 Bm7   Em7 A
𝄆 This boy, ___   𝄇 *Repeat to fade*

Ticket To Ride

Words & Music by
John Lennon & Paul McCartney

| A | Bm | E | F♯m | D7 | Gmaj7 | E7 |

Intro | A | A | A | A ||

Verse 1

      A
I think I'm gonna be sad, I think it's today, yeah!

                                      Bm   E
The girl that's driving me mad is going away.

F♯m   D7
She's got a ticket to ride,

F♯m   Gmaj7
She's got a ticket to ride,

F♯m   E   A
She's got a ticket to ride, and she don't care.

Verse 2

      A
She said that living with me was bringing her down, yeah!

                              Bm   E
She would never be free when I was around.

F♯m   D7
She's got a ticket to ride,

F♯m   Gmaj7
She's got a ticket to ride,

F♯m   E   A
She's got a ticket to ride, and she don't care.

Bridge 1

      D7
I don't know why she's riding so high.

She ought to think twice,

                   E   E7
She ought to do right by me.

      D7
Before she gets to saying goodbye,

She ought to think twice,

                   E
She ought to do right by me.

Verse 3

A
I think I'm gonna be sad, I think it's today, yeah!

                                                     Bm   E
The girl that's driving me mad is going away, yeah!

      F♯m   D7
Ah, she's got a ticket to ride,

F♯m   Gmaj7
She's got a ticket to ride,

F♯m   E   A
She's got a ticket to ride, and she don't care.

Bridge 2

   D7
I don't know why she's riding so high.

She ought to think twice,

                          E   E7
She ought to do right by me.

   D7
Before she gets to saying goodbye,

Shc ought to think twice,

                          E
She ought to do right by me.

Verse 4

   A
She said that living with me was bringing her down, yeah!

                                      Bm   E
She would never be free when I was around.

F♯m   D7
She's got a ticket to ride,

F♯m   Gmaj7
She's got a ticket to ride,

F♯m   E   A
She's got a ticket to ride, and she don't care.

    A
‖: My baby don't care.   :‖   *Repeat to fade*

Tomorrow Never Knows

Words & Music by
John Lennon & Paul McCartney

Intro | (C) | (C) | (C) | (C) ‖

Verse 1
C
Turn off your mind,

Relax and float downstream,
    C11   C
It is not dying, it is not dying.

Verse 2
C
Lay down all thought,

Surrender to the void,
    C11   C
It is shining, it is shining.

Verse 3
C
That you may see

The meaning of within,
    C11   C
It is being, it is being.

Solo ‖: C | C | C | C :‖ *Repeat ad lib.*

Verse 4
C
That love is all

And love is everyone,
    C11   C
It is knowing, it is knowing.

	C
Verse 5	That ignorance and hate

May mourn the dead,

      C11   C
It is believing, it is believing.

Verse 6

C
But listen to the

Colour of your dreams,
      C11   C
It is not living, it is not living.

Verse 7

    C
Or play the game existence to the end
      C11   C
Of the beginning, of the beginning,
      C11   C
Of the beginning, of the beginning,
      C11   C
Of the beginning, of the beginning,
      C11   C
Of the beginning.

Two Of Us

Words & Music by
John Lennon & Paul McCartney

Intro | (G) | (G) | G | G ||

Verse 1

G
Two of us riding nowhere,
　　　　　　　　　　　C G/B Am7
Spending someone's hard-earned pay.
G
You and me Sunday driving,
　　　　　　C G/B Am7　　**G**
Not arriving on our   way back home.

Chorus 1

D　　　　　**C G**
　We're on our way home,
D　　　　　**C G**
　We're on our way home,
C　　　　　**G**
　We're going home.

Link | (G) | (G) | G | G ||

Verse 2

G
Two of us sending postcards,
　　　　　C G/B Am7
Writing letters on my   wall.
G
You and me burning matches,
　　　　　C G/B Am7　　　**G**
Lifting latches, on our   way back home.

Chorus 2

    D   C   G
    We're on our way home,

    D   C   G
    We're on our way home,

  C   G
  We're going home.

Bridge 1

Bb   Dm
You and I have memories,

Gm7   Am   D7
Longer than the road that stretches out ahead.

Verse 3

G
Two of us wearing raincoats,

              C G/B Am7
Standing solo in the   sun.

G
You and me chasing paper,

              C G/B Am7   G
Getting nowhere on our   way back home.

Chorus 3

    D   C   G
    We're on our way home,

    D   C   G
    We're on our way home,

  C   G
  We're going home.

Bridge 2

Bb   Dm
You and I have memories,

Gm7   Am   D7
Longer than the road that stretches out ahead.

Verse 4

G
Two of us wearing raincoats,

              C G/B Am7
Standing solo in the   sun.

G
You and me chasing paper,

              C G/B Am7   G
Getting nowhere on our   way back home.

Chorus 4   As Chorus 3

Coda | (G) | (G) ||: G | G | G | G :|| *Repeat to fade*

Wait

Words & Music by
John Lennon & Paul McCartney

Capo second fret

Verse 1
              Em⁷ A/E
It's been a long time,

Am/E Em B⁷   **Em**
Now I'm coming back home,

            Em⁷ A/E
I've been away now,

Am/E Em B⁷   **Em**
Oh,   how I've been alone.

Chorus 1
G⁶ Cmaj⁷ G⁶   **Cmaj⁷ G⁶ Cmaj⁷**
Wait till I come back to your side,

         G⁶   **B⁷**   **Em**
We'll forget the tears we cried.

Verse 2
              Em⁷ A/E
But if your heart breaks,

Am/E Em B⁷   **Em**
Don't wait, turn me away,

             Em⁷   **A/E**
And if your heart's strong,

Am/E Em B⁷   **Em**
Hold on, I won't delay.

Chorus 2
G⁶ Cmaj⁷ G⁶   **Cmaj⁷ G⁶ Cmaj⁷**
Wait till I come back to your side,

         G⁶   **B⁷**   **Em**
We'll forget the tears we cried.

Bridge 1

                A   **D**
I feel as though you ought to know
                     G   **Em**
That I've been good, as good as I can be.
                A   **D**
And if you do, I'll trust in you,
                   G   **B7sus4** **B7***
And know that you will wait for me.

Verse 3

                  Em7 **A/E**
It's been a long time,
Am/E **Em** **B7**   **Em**
Now I'm coming back home,
              Em7 **A/E**
I've been away now,
Am/E **Em** **B7**   **Em**
Oh,   how I've been alone.

Chorus 3

G6   **Cmaj7** **G6**   **Cmaj7**   **G6** **Cmaj7**
Wait till I come back to your side,
              G6   **B7**   **Em**
We'll forget the tears we cried.

Bridge 2   As Bridge 1

Verse 4

                  Em7 **A/E**
But if your heart breaks,
Am/E **Em** **B7**   **Em**
Don't wait, turn me away,
              Em7   **A/E**
And if your heart's strong,
Am/E **Em** **B7**   **Em**
Hold on, I won't delay.

Chorus 4   As Chorus 3

Verse 5

                  Em7 **A/E**
It's been a long time,
Am/E **Em** **B7**   **Em**
Now I'm coming back home,
              Em7 **A/E**
I've been away now,
Am/E **Em** **B7**   **Em**
Oh,   how I've been alone.

We Can Work It Out

Words & Music by
John Lennon & Paul McCartney

Verse 1

D   Dsus4 D
Try to see it my   way,

        Dsus4   C   D
Do I have to keep on talking till I can't go on?

         Dsus4 D
While you see it your   way,

        Dsus4   C   D
Run the risk of knowing that our love may soon be gone.

Chorus 1

G   D
We can work it out,

G   A
We can work it out. ____

Verse 2

D   Dsus4 D
Think of what you're say - ing,

        Dsus4   C   D
You can get it wrong and still you think that it's alright.

        Dsus4 D
Think of what I'm say - ing,

        Dsus4   C   D
We can work it out and get it straight, or say goodnight.

Chorus 2

G   D
We can work it out,

G   A
We can work it out. ____

Bridge 1

Bm   Bm/A   G   F♯7sus4
Life is very short, and there's no time ____

      F♯7   Bm   Bm/A Bm/G Bm/F♯
For fussing and fighting, my friend.

Bm   Bm/A   G   F♯7sus4
I have always thought that it's a   crime, ____

     F♯7   Bm   Bm/A   Bm/G Bm/F♯
So I will ask you once a - gain.

Verse 3

D   Dsus4   D
 Try to see it my   way,

          Dsus4   C   D
Only time will tell if I am right or I am wrong.

        Dsus4 D
While you see it your   way,

          Dsus4   C   D
There's a chance that we might fall apart before too long.

Chorus 3

G   D
We can work it out,

G   A
We can work it out. ____

Bridge 2   As Bridge 1

Verse 4

D   Dsus4   D
 Try to see it my   way,

          Dsus4   C   D
Only time will tell if I am right or I am wrong.

        Dsus4 D
While you see it your   way,

          Dsus4   C   D
There's a chance that we might fall apart before too long.

Chorus 4

G   D
We can work it out,

G   A
We can work it out. ____

| D | D | ‖

What Goes On

Words & Music by
John Lennon, Paul McCartney & Richard Starkey

E7　　B7　　A7　　B7sus4　　B7*　　Am　　E

Intro　　| E7 B7 | E7 ‖

Chorus 1

E7
What goes on ___ in your heart?

A7
What goes on ___ in your mind?

E7
You are tearing me apart,

A7
When you treat ___ me so unkind.

B7sus4 B7*　　E
What goes on ___ in your mind?

Verse 1

E7
The other day I saw you

Am
As I walked along the road.

E7
But when I saw him with you

Am
I could feel my future fold.

B7　　　　　　E7
It's so easy for a girl like you to lie

B7
Tell me why.

Chorus 2　　As Chorus 1

Verse 2

E⁷
I met you in the morning,

     Am
Waiting for the tides of time.

    E⁷
But now the tide is turning,

     Am
I can see that I was blind.

         B⁷   E⁷
It's so easy for a girl like you to lie

    B⁷
Tell me why.

       E⁷
What goes on ＿＿ in your heart?

Solo

| E⁷ | A⁷ | E⁷ | E⁷ | |

| E⁷ | A⁷ | B⁷ | E⁷ | ||

Verse 3

E⁷
I used to think of no-one else,

    Am
But you were just the same,

   E⁷
You didn't even think of me

   Am
As someone with a name.

           B⁷   E⁷
Did you mean to break my heart and watch me die?

    B⁷
Tell me why.

Chorus 3   As Chorus 1

Coda | E⁷ | E⁷ | E | ‖

What You're Doing

Words & Music by
John Lennon & Paul McCartney

| D | G | Bm | Em | A | G7 |

Intro | Drums for 4 bars ‖ D | G | D | G ‖

Verse 1

 D   G
Look what you're doing,

 D   G
I'm feeling blue and lonely,

   Bm   G
Would it be too much to ask of you,

      D G
What you're doing to me?

Verse 2

 D   G
You got me running

 D   G
And there's no fun in it,

    Bm   G
Why should it be so much to ask of you,

      D
What you're doing to me?

Bridge 1

 G   Bm
 I've been waiting here for you,

 G   Bm
 Wondering what you're gonna do,

 Em
 And should you need a love that's true,

    A
It's me. _____

Verse 3

D   **G**
Please stop your lying,

D   **G**
You've got me crying, girl,

            Bm   **G**
Why should it be so much to ask of you,

                D **G**
What you're doing to me?

Solo

| **D** | **G7** | **D** | **G7** | |
| **Bm** | **G7** | **G7** | **D** | ||

Bridge 2

G   **Bm**
  I've been waiting here for you,

G   **Bm**
  Wondering what you're gonna do,

Em
  And should you need a love that's true,

    A
It's me. _____

Verse 4

D   **G**
Please stop your lying,

D   **G**
You've got me crying, girl,

            Bm   **G**
Why should it be so much to ask of you,

              D
What you're doing to me?

          G   **D**
What you're doing to me?

          G   **D** **G**
What you're doing to me?

| **D** Drums | Drums | **(A)** | **(A)** | ||

Coda

||: **D** | **G7** | **D** | **G7** :|| *Repeat to fade*

349

What's The New Mary Jane?

Words & Music by
John Lennon & Paul McCartney

Intro
| D G/B Gm/B♭ | A7 | | D G/B Gm/B♭ | A7 | ‖

Verse 1

        D   G/B   Gm/B♭ A7
She looks as an Afri - can   queen.

        D   G/B Gm/B♭ A7
She eating twelve chapattis and   cream.

        D   G/B   Gm/B♭ A7
She taste as Mon - go - lian   lamb.

        D   G/B   Gm/B♭ A7
She coming from Alde - be - ran.

Chorus 1

G7/A   A   Asus2 A
   What a shame Mary Jane had a pain at the party.

G7/A
   What a shame Mary Jane,

                                  A   Asus2 A
What a shame Mary Jane had a pain at the party.

Verse 2

        D   G/B   Gm/B♭ A7
She like to be married with   Yeti.

        D   G/B   Gm/B♭ A7
He grooving such cookie spagh - etti.

        D   G/B   Gm/B♭ A7
She jumping as Mexi - can   bean,

        D   G/B Gm/B♭ A7
To make that her body more   thin.

Chorus 2   As Chorus 1

Verse 3

        D   G/B   Gm/B♭ A7
She catch Patagonian pan - cakes,

        D   G/B Gm/B♭ A7
With that one and gin party   makes.

| | **D**   **G/B   Gm/B♭ A⁷**
| *cont.* | She having always good   contacts,
| | **D**   **G/B   Gm/B♭ A⁷**
| | She making with apple and   contract.

| | **G⁷/A**   **A   Asus² A**
| *Chorus 3* | What a shame Mary Jane had a pain at the party.
| | **G⁷/A**
| | What a shame Mary Jane,
| |
| | **A   Asus² A**
| | What a shame Mary Jane had a pain at the party.

(All together now!)

| | **G⁷/A**   **A   Asus² A**
| *Chorus 4* | What a shame Mary Jane had a pain at the party.
| | **G⁷/A**
| | What a shame,
| |
| | **A   Asus² A**
| | What, what a shame Mary Jane had a pain at the party.
| | **G⁷/A**
| | What a shame, what a shame,
| |
| | **A**
| | What a shame Mary Jane had a pain at the party.
| | **G⁷/A**
| | What a shame, what a shame, what a shame,
| |
| | **A**
| | What a shame Mary Jane had a pain at the party…

Ad lib. with sound effects.

| *Instrumental* | ‖: **A Aadd⁹ A Aadd⁹** │ **A Aadd⁹ A Aadd⁹** :‖   *Repeat ad lib.*

| | **D**   **G/B   Gm/B♭ A⁷**
| *Coda* | She looks as an Afri - can   queen.
| | **D**   **G/B   Gm/B♭ A⁷**
| | She taste as Mon - go - lian   lamb. *Sound effects*
| | **G⁷/A**
| | What a shame Mary Jane,
| |
| | **A   Asus² A**
| | What a shame Mary Jane had a pain at the party.

(All together now!)

Continue as Chorus 3 and fade out to sound effects.

351

When I Get Home

Words & Music by
John Lennon & Paul McCartney

Chorus 1

N.C. **A7**
Woh-ah, woh-ah,

    D7   **G7**
I got a whole lot of things to tell her

           Am   **G**
When I get home.

Verse 1

          C7   **F7**
Come on, out my way,

              C7   **F7**
'Cause I'm a-gonna see my baby today,

             C7   **F7**   **G7**
I've got a whole lot of things I've gotta say to her.

Chorus 2   As Chorus 1

Verse 2

          C7   **F7**
Come on if you please,

         C7   **F7**
I've got no time for triviality,

             C7   **F7**   **G7**
I've got a girl who's waiting home for me tonight.

Chorus 3

N.C. **A7**
Woh-ah, woh-ah,

    D7   **G7**
I got a whole lot of things to tell her

           Am
When I get home.

Bridge

                                  C7
When I'm getting home tonight,

                   Am
I'm gonna hold her tight,

                  C7   Am
I'm gonna love her till the cows come home.

           F   G
I bet I'll love her more

          F   G   Am   G
Till I walk out that door, again.

Verse 3

               C7   F7
Come on, let me through,

                C7   F7
I've got so many things I've got to do,

                C7   F7   G7
I've got no business being here with you this way.

Chorus 4

               A7
Woh-ah, woh-ah,

               D7   G7
I got a whole lot of things to tell her

                A7
When I get home, yeah.

               D7   G7
I got a whole lot of things to tell her

                C
When I get home.

When I'm Sixty Four

Words & Music by
John Lennon & Paul McCartney

Capo first fret

Intro | C | C | F   G | C | C | C ||

Verse 1

C
When I get older, losing my hair,

            G
Many years from now,

G7
Will you still be sending me a valentine,

N.C.   **(C)**
Birthday greetings, bottle of wine?

C
If I'd been out till quarter to three,

C7   **F**
Would you lock the door?

            Fm   **C**   **A**
Will you still need me, will you still feed me,

D7   **G7**   **C G C**
When I'm sixty-four?

Link | Am | Am | G | Am ||

Bridge 1

Am   **E7**
You'll be older too.

Am   **Dm**
   And if you say the word

F   **G**   **C**   **G**
I could stay with you.

Verse 2

C
I could be handy, mending a fuse
                              G
When your lights have gone.
G⁷
You can knit a sweater by the fireside,
N.C.   **(C)**
Sunday mornings, go for a ride.
C
Doing the garden, digging the weeds,
C⁷   **F**
Who could ask for more?
                    Fm   **C**   **A**
Will you still need me, will you still feed me
D⁷   **G⁷**   **C G C**
When I'm sixty-four?

Bridge 2

Am
Every summer we can rent a cottage
                    G   **Am**
In the Isle of Wight, if it's not too dear.
                              E⁷
We shall scrimp and save.
Am   **Dm**
   Grandchildren on your knee,
F   G   **C   G**
Vera, Chuck and Dave.

Verse 3

C
Send me a postcard, drop me a line,
                    G
Stating point of view.
G⁷
Indicate precisely what you mean to say,
N.C.   **(C)**
Yours sincerely, wasting away.
C
Give me your answer, fill in a form,
C⁷   **F**
Mine for evermore.
                    Fm   **C**   **A**
Will you still need me, will you still feed me
D⁷   **G⁷**   **C G C**
When I'm sixty-four?

Coda | **C** | **C** | **F   G** | **C G C** ‖

355

While My Guitar Gently Weeps

Words & Music by
George Harrison

Intro

| Am | Am/G | D9/F♯ | F | |

| Am | G | D | E | ||

Verse 1

    Am   Am/G   D9/F♯   F
I look at you all, see the love there that's sleeping,
    Am   G   D E
   While my guitar gently weeps.
    Am   Am/G   D9/F♯   F
I look at the floor, and I see it needs sweeping,
    Am   G   C   E
   Still my guitar gently weeps. _____

Bridge 1

    A   C♯m F♯m   C♯m
   I don't know why   nobody told you
Bm   E
   How to unfold your love.
    A   C♯m F♯m   C♯m
   I don't know how   someone controlled you,
Bm   E
   They bought and sold you.

Verse 2

    Am   Am/G   D9/F♯   F
I look at the world and I notice it's turning,
    Am   G   D E
   While my guitar gently weeps.
       Am   Am/G   D9/F♯   F
With every mistake, we must surely be learning,
    Am   G   C   E
   Still my guitar gently weeps. _____

Solo

Am	Am/G	D9/F♯	F
Am	G	D	E
Am	Am/G	D9/F♯	F
Am	G	C	E ‖

Bridge 2

```
A            C♯m F♯m      C♯m
  I don't know how    you were diverted,
Bm                   E
  You were perverted too.
A            C♯m F♯m      C♯m
  I don't know how    you were inverted,
Bm                E
  No-one alerted you.
```

Verse 3

```
   Am        Am/G     D9/F♯            F
I look at you all, see the love there that's sleeping,
Am           G               D    E
  While my guitar gently weeps.
   Am        Am/G    D9/F♯   F
I look at you all.
Am           G         C    E
  Still my guitar gently weeps. _____
```

Outro

Am	Am/G	D9/F♯	F
Am	G	D	E
Am	Am/G	D9/F♯	F
Am	G	C	E
‖: Am	Am/G	D9/F♯	F
Am	G	C	E :‖ *Repeat to fade*

357

Why Don't We Do It In The

Intro **Drums for 3 bars**

Verse 1

N.C.   **D7**
Why don't we do it in the road?

Why don't we do it in the road?
                             G7
Why don't we do it in the road?
                             D7
Why don't we do it in the road?
A7
No-one will be watching us,
G7   **D7**
Why don't we do it in the road?

Verse 2 As Verse 1

Verse 3

N.C.   **D7**
Why don't we do it in the road?

Why don't we do it in the road?
                             G7
Why don't we do it in the road?
                             D7
Why don't we do it in the road?
A7   **G7**
No-one will be watching us,
N.C.   **D7**
Why don't we do it in the road?

Wild Honey Pie

Words & Music by
John Lennon & Paul McCartney

G7 fr10 **F7** fr8 **E7** fr7 **E♭7** fr6 **D7** fr5

Intro | G7 | F7 | E7 E♭7 | D7   ‖

Verse 1

G7
Honey Pie,

Honey Pie.

Link | G7 | F7 | E7 E♭7 | D7   ‖

Verse 2

G7
Honey Pie,

Honey Pie.

Link | G7 | F7 | E7 E♭7 | D7   ‖

Verse 3

G7
Honey Pie,
F7
Honey Pie,
G7
Honey Pie,
F7
Honey Pie,
  G7
I love you, Honey Pie.

With A Little Help From My Friends

Words & Music by
John Lennon & Paul McCartney

C	D	E	B
F#m7	B7	A	C#m7 F#

Intro

C   D E
Bil - ly Shears.

Verse 1

E   B   F#m7
What would you think if I sang out of tune,

                       B7   E
Would you stand up and walk out on me?

               B   F#m7
Lend me your ears and I'll sing you a song,

               B7   E
And I'll try not to sing out of key.

Chorus 1

             D   A   E
Oh, I get by with a little help from my friends,

            D   A   E
Mm, I get high with a little help from my friends,

           A   E   B
Mm, I'm gonna try with a little help from my friends.

Verse 2

E   B   F#m7
What do I do when my love is away?

                B7 E
(Does it worry you to be alone?)

           B   F#m7
How do I feel by the end of the day?

                        B7   E
(Are you sad because you're on your own?)

Chorus 2

         D   A   E
No, I get by with a little help from my friends,

          D   A   E
Mm, I get high with a little help from my friends,

       A   E
Mm, gonna try with a little help from my friends.

Bridge 1

       C♯m7   F♯
Do you need anybody?

   E   D   A
I need somebody to love.

       C♯m7 F♯
Could it be anybody?

   E   D   A
I want somebody to love.

Verse 3

 E   B   F♯m7
Would you believe in a love at first sight?

             B7   E
Yes I'm certain that it happens all the time.

          B   F♯m7
What do you see when you turn out the light?

         B7   E
I can't tell you, but I know it's mine.

Chorus 3

         D   A   E
Oh, I get by with a little help from my friends,

          D   A   E
Mm, get high with a little help from my friends,

       A   E
Oh, I'm gonna try with a little help from my friends.

Bridge 2   As Bridge 1

Chorus 4

         D   A   E
Oh, I get by with a little help from my friends,

          D   A   E
Mm, gonna try with a little help from my friends,

       A   E
Oh, I get high with a little help from my friends.

         D   A
Yes I get by with a little help from my friends,

                     C   D E
With a little help from my friends. ____

Within You Without You

Words & Music by
George Harrison

Capo first fret

Intro ‖: (C5) | (C5) | (C5) | (C5) | (C5) :‖ (C) ‖

Verse 1

C Csus4 C5 C7
We were talk-ing

  C   Csus2 C   Csus4 C
About the space be - tween us   all,

    Csus4 C5 C7
And the   peo-ple

     C   Csus2 C Csus4 C   Csus4 C
Who hide themselves be - hind a   wall of illu - sion,

   Csus4 C
Never   glimpse the truth,

     Csus4 C7 C   Csus4 C
Then it's far too late, when they pass away. ____

Verse 2

C Csus4 C5 C7
We were talk-ing

  C   Csus2 C Csus4 C
About the love we   all would share

     Csus4 C5 C7
When we   find it,

    C   Csus2 C Csus4 C
To try our best to   hold it   there.

   Csus4 C   Csus4   C7
With our   love, with our   love ____

C Csus4 C   C7 C
We could   save the world, if they only knew.

Bridge 1
C5
Try to realise it's all within yourself,
                 C   **Csus4 C**
No-one else can make you   change.
C5
And to see you're really only very small,
                      C **Csus4 C** **Csus2**
And life flows on within you and with - out you.

Solo   ‖: (**C5**) | (**C5**) | (**C5**) | (**C5**) :‖ *Play 8 times*

        | (**C5**) | (**C5**) | (**C5**) ‖

Verse 3
C Csus4 C C7
We were   talk-ing
 C   **Csus2 C**   **Csus4 C**
About the love that's   gone so   cold
     Csus4 C **C7**
And the   peo-ple
     C   **Csus2 C** **Csus4 C**
Who gain the world and   lose their   soul.
     Csus4 C
They don't   know,
     Csus4 C
They can't   see,
   Csus4 C **C7 C**
Are you   one of them?

Link | **C5** | **C5** | **C5** | **C5** | **C5** | **C5** | **C5** ‖

Bridge 2
C5
When you've seen beyond yourself,
                       C **Csus4 C**
Then you may find peace of mind is wait-ing   there.
C5
And the time will come when you see we're all one,
                   C **Csus4 C** **Csus2**
And life flows on within you and with - out you.

Yellow Submarine

Words & Music by
John Lennon & Paul McCartney

Tune guitar down one semitone

Verse 1

        D   C G
In the town where I was born,

Em   Am   C   D7
Lived a man who sailed to sea,

G   D   C   G
And he told us of his life,

Em   Am   C   D7
In the land of submarines.

Verse 2

G   D   C   G
So we sailed up to the sun,

Em   Am   C   D7
Till we found the sea of green,

G   D   C   G
And we lived beneath the waves,

Em   Am   C   D7
In our yellow submarine.

Chorus 1

G   D
We all live in a yellow submarine,

                 G
Yellow submarine, yellow submarine.

           D
We all live in a yellow submarine,

                 G
Yellow submarine, yellow submarine.

Verse 3

(G)   D   C G
And our friends are all aboard,

Em   Am   C   D7
Many more of them live next door,

G   D   C   G   D
And the band begins to play.

Link | G   G | D7   G ‖

Chorus 2

G   D
We all live in a yellow submarine,

                         G
Yellow submarine, yellow submarine.

                         D
We all live in a yellow submarine,

                         G
Yellow submarine, yellow submarine.

Instrumental | D7   C | G   Em | Am   C | D7   G |

| D   C | G   Em | Am   C | D7   G ‖

Verse 4

(G)   D7   C   G
As we live a life of ease,

Em   Am   C   D7
Every one of us has all we need,

G   D   C   G
Sky of blue and sea of green,

Em   Am   C   D7
In our yellow submarine.

Chorus 3

G   D
We all live in a yellow submarine,

                         G
Yellow submarine, yellow submarine.

                            D
‖: We all live in a yellow submarine,

                         G
Yellow submarine, yellow submarine. :‖ *Repeat to fade*

Yer Blues

Words & Music by
John Lennon & Paul McCartney

E	A7	G	B7	A	D	E7

Verse 1

        E
Yes, I'm lonely, wanna die,

        A7   **E**
Yes, I'm lonely, wanna die,

      G
If I ain't   dead already,

B7   **E**   **A** **E** **B7**
Whoo, girl, you know the reason why.

Verse 2

        E
In the morning, wanna die,

        A7   **E**
In the evening, wanna die,

      G
If I ain't   dead already,

B7   **E** **A** **E** **B7**
Whoo, girl, you know the reason why.

Bridge 1

       E **N.C.**
My mother was of the sky,

D   **E** **N.C.**
   My father was of the earth,

D   **E** **N.C.**
   But I   am of the universe,

       E7
And you know what it's worth.

Verse 3

       A7   **E**
I'm lonely, wanna die,

      G
If I ain't   dead already,

B7   **E** **A** **E** **B7**
Whoo, girl, you know the reason why.

Bridge 2

    E N.C.
The eagle picks my eyes,

   D   E N.C.
  The worm, he licks my bones,

   D E N.C.
  Feel so suicidal,

        E⁷
Just like Dylan's Mr. Jones.

Verse 4

   A⁷   **E**
  Lonely, wanna die,

      G
If I ain't dead already,

B⁷   **E A E B⁷**
Whoo, girl, you know the reason why.

Verse 5

   E   **N.C.**
Black cloud crossed my mind,

   D E N.C.
  Blue mist from my soul,

   D E N.C.
  Feel so suicidal,

    E⁷
Even hate my rock and roll.

      A⁷   **E**
Wanna die, yeah, wanna die,

      G
If I ain't dead already,

B⁷   **E A E B⁷**
Whoo, girl, you know the reason why.

Solo

| E | E | E | E | A⁷ | A⁷ | |

| E | E | G | B⁷ | E A | E B⁷ ‖

| E | E | E | E | A⁷ | A⁷ | |

| E | E | G | B⁷ | E | ‖

Verse 6

       E
(Yes, I'm lonely, wanna die,

      A⁷   **E**
Yes, I'm lonely, wanna die,

      G
If I ain't dead already,

B⁷   **E A E B⁷**
Girl, you know the reason why.)   *Fade out*

Yes It Is

Words & Music by
John Lennon & Paul McCartney

Intro | E   ‖

Verse 1

E   A   F#m7   B7
If you wear red tonight,

   E   A   D   B7
Remember what I said tonight,

   C#m/G#   A
For red is the colour that my baby wore,

D   C#m
And what's more, it's true,

E
Yes it is.

Verse 2

E   A   F#m7   B7
Scarlet were the clothes she wore,

E   A   D   B7
Everybody knows I'm sure,

C#m/G#   A
I would remember all the things we planned,

D   C#m
Understand, it's true,

E   E7
Yes it is, it's true,

(E7)
Yes it is.

Bridge 1

    Bm   **E**   **A**   **F♯m**
I could be happy with you by my side,

    Bm   **E**
If I could forget her,

       C♯m
But it's my pride,

          E
Yes it is, yes it is,

          F♯ **B7**
Oh yes it is,   yeah.

Verse 3

    E   **A**   **F♯m7** **B7**
Please don't wear red tonight,

    E   **A**   **D**   **B7**
This is what I said tonight,

       C♯m/G♯   **A**
For red is the colour that will make me blue,

     D   **C♯m**
In spite of you, it's true,

    E
Yes it is, it's true,

    E7
Yes it is.

Bridge 2   As Bridge 1

Verse 4

    E   **A**   **F♯m7** **B7**
Please don't wear red tonight,

    E   **A**   **D**   **B7**
This is what I said tonight,

       C♯m/G♯   **A**
For red is the colour that will make me blue,

     D   **C♯m**
In spite of you, it's true,

    E   **G♯**
Yes it is, it's true,

    A   **E**
Yes it is, it's true.

Yesterday

Words & Music by
John Lennon & Paul McCartney

Tune guitar down 1 tone

Intro | G5 | G5 ||

Verse 1

G5   F#m7
Yesterday,

        B7   Em   Em/D
All my troubles seemed so far away,

Cmaj7 D7   G5   G5/F#
  Now it looks as though they're here to stay,

     Em7 A   C G5
Oh, I be - lieve in yesterday.

Verse 2

G5   F#m7
Suddenly,

        B7   Em   Em/D
I'm not half the man I used to be,

Cmaj7   D7   G5   G5/F#
  There's a shadow hanging over me,

     Em7 A   C G5
Oh, yesterday came suddenly.

Bridge 1

F#m7 B7 Em D C*
Why she had to go

Em/B Am6   D7   G5
I don't know, she wouldn't say.

F#m7 B7 Em D   C*
I   said some-thing wrong

Em/B Am6   D7   G5
Now I long for yesterday.

Verse 3

G5   F#m7

Yesterday,

         B7   Em   Em/D

Love was such an easy game to play,

Cmaj7 D7   G5   G5/F#

  Now I need a place to hide away

   Em7 A   C G5

Oh, I be - lieve in yesterday.

Bridge 2

F#m7 B7 Em D C*

Why   she had to go

Em/B Am6   D7   G5

I   don't know, she wouldn't say.

F#m7 B7 Em D   C*

I   said   some-thing wrong

Em/B Am6   D7   G5

Now I long for yesterday.

Verse 4

G5   F#m7

Yesterday,

         B7   Em   Em/D

Love was such an easy game to play,

Cmaj7 D7   G5   G5/F#

  Now I need a place to hide away,

   Em7 A   C G5

Oh, I be - lieve in yesterday,

G A7 C* G5

Mmm. _____

You Can't Do That

Words & Music by
John Lennon & Paul McCartney

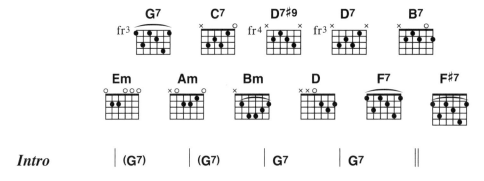

Intro | (G7) | (G7) | G7 | G7 ||

Verse 1
            G7
I got something to say that might cause you pain,

If I catch you talking to that boy again,
            C7
I'm gonna let you down
                  G7
And leave you flat.
                  D7♯9
Because I told you before,
C7   **G7**   **D7**
Oh, you can't do that.

Verse 2
                        G7
Well, it's the second time I've caught you talking to him,

Do I have to tell you one more time, I think it's a sin.
            C7
I think I'll let you down, (let you down,)
                  G7
And leave you flat.

(Gonna let you down and leave you flat.)
                  D7♯9
Because I've told you before,
C7   **G7**
Oh, you can't do that.

Bridge 1

          B7   Em
Everybody's green _____

            Am   Bm   G7
'Cause I'm the one who won your love.

          B7   Em
But if they'd seen _____

           Am
You talking that way,

          Bm   D
They'd laugh in my face.

Verse 3

            G7
So please listen to me if you wanna stay mine,

I can't help my feelings, I'll go out of my mind,

            C7
I'm gonna let you down, (let you down,)

              G7
And leave you flat.

(Gonna let you down and leave you flat.)

              D7♯9
Because I've told you before,

C7   G7   D7
Oh, you can't do that.

Solo | G7 | G7 | G7 | G7 | C7 | C7 | |

           | G7 | G7 | D7 | C7 | G7 | G7 | ||

Bridge 2   As Bridge 1

Verse 4

            G7
So please listen to me if you wanna stay mine,

I can't help my feelings, I'll go out of my mind,

            C7
I'm gonna let you down, (let you down,)

              G7
And leave you flat.

(Gonna let you down and leave you flat.)

              D7♯9
Because I've told you before,

C7   G7   F7   F♯7   G7
Oh, you can't do that.

You Know My Name (Look Up The Number)

Words & Music by
John Lennon & Paul McCartney

Intro | G/D | A/C# || D F#m | G A | D F#m | G A ||

Verse 1
G   F#aug Bm   E9
  You know my name,   look up the number.
G   D   Em7   A
You know my name,   look up the number.
D   F#m   G   A
You, you know, you know my name,
D   F#m   G   A   D
You, you know, you know my name.

(spoken)
N.C
Good evening and welcome to Slaggers,
                              D
Featuring Denis O'Bell
Em7
And Ringo, Hey, Ringo!
D
Let's hear it for Denis! Ha-hay!
Em7
  (Good evening.)

Verse 2
G   F#aug Bm   E9
  You know my name,   better look up my number.
G   D   Em7   A
You know my name,   that's right, look up my number.

Verse 3

```
D     D/F♯      G          A
```
You , you know, you know my name,
```
D     D/F♯      G          A
```
You , you know, you know my name,
```
G                F♯aug                        Bm
```
   You know my name, ba-ba-ba-ba-ba-ba-ba-ba-pum,
```
                      E⁹
```
Look up my number.
```
G            D
```
You know my name… hah!
```
Em⁷                         A
```
   That's right, look up my number.

Verse 4

```
         D                    Em⁷
```
Oh, you know, you know,   you know my name,
```
D                    Em⁷
```
  You know, you know, you know my name,
```
                 G
```
Huh huh huh huh,
```
             F♯aug          Bm
```
You know my name, ba-ba-ba-pum,
```
                 E⁹
```
Look up the number.
```
G            D        Em⁷        A
```
You know my   name,   look up the number.
```
D                Em⁷          A
```
You, you know, you know my name, baby,
```
D                Em⁷          A
```
You, you know, you know my name,
```
D           A⁷
```
  You know, you know my name,
```
D                         A⁷
```
  You know, you know my name.

(spoken)   Oh let's hear it!
```
                 (D) N.C.
```
Go on, Denis, let's hear it for Denis O'Bell.

Verse 5

```
D              D/F♯       G            A
```
  You know,   you know,   you know my name,
```
D              D/F♯       G            A
```
  You know,   you know,   you know my name,
```
G  N.C.                F♯aug N.C.
```
  You know my name,   look up the number,
```
Bm  N.C.                   E⁹ N.C.            G
```
   You know my name,   look up the number,
```
D           Em⁷               A
```
  You know,   you know my name,   look up the number.

Verse 6

```
     D                D/F♯
     You know my name,
          G              A
     You know my number too,
          D                D/F♯
     You know my number three,
            G                 A
     And you know my number four,
     D            D/F♯
        You know my name,
          G              G♯dim
     You know my number too,
          A
     You know my name,

     You know my number,
                            D6
     What's up with you? Ha!
     N.C.
     You know my name,

     That's right.

     Yeah…
```

Outro

You'll Be Mine

Words & Music by
John Lennon & Paul McCartney

A D7 E7 C#m F#m A7 B7

fr4

Capo first fret

Intro | A D7 | A E7 ||

Verse 1

        A   C#m   F#m   A
When the stars fall at night, you'll be mine, yes I know
     E7   D7
You'll be mine, until you die,
     A   E7
You'll be mine.

Verse 2

      A C#m   F#m   A
And so all the night, you'll be mine, you'll be mine.
     E7   D7   A
And the stars gonna shine, you'll be mine,
A7
Now. _____

Spoken

    D7
My darling, when you brought me that toast the other morning,
  A   A7
I, I looked into your eyes and I could see
       D7
A National Health eyeball
           B7
And I loved you like I have never done,
         E7
I have never done before.

Verse 3

      A   C#m
Yes, the stars gonna shine
       F#m   A
And you'll be mine, and you'll be mine.
     E7   D7   A
You'll be mine, and the stars gonna shine.

You Know What To Do

Words & Music by
George Harrison

D   **A**   **E**   **Bm**   **Bm(maj⁷)**

Intro | D | D   ‖

Verse 1
         A   E
When I see you, I just don't know what to say,
      A   E
I like to be with you every hour of the day.

Chorus 1
           A   E
So if you want me,
            A   E
Just like I need you,
         A   D
You know what to do.

Verse 2
      A   E
I watched you walking by, and you looked all alone,
      A   E
I hope that you won't mind if I walk you back home.

Chorus 2
            A   E
And if you want me,
            A   E
Just like I need you,
         A   D
You know what to do.

Bridge 1
Bm
    Just call on me when you are lonely,
Bm(maj⁷)
    I'll keep my love for you only.
A   D
    I'll call on you if I'm lonely too.

Verse 3

    A   E
Understand, I'll stay with you every day,

    A   E
Make you love me more in every way.

Chorus 3

                  A   E
So if you want me,

                  A   E
Just like I want you,

          A   D
You know what to do.

Bridge 2

    Bm
    Just call on me when you are lonely,

    Bm(maj7)
    I'll keep my love for you only.

    A   D
    I'll call on you if I'm lonely too.

Verse 4

    A   E
Understand, I'll stay with you every day,

    A   E
Make you love me more in every way.

Chorus 4

                  A   E
So if you want me,

                  A   E
Just like I need you,

          A   D
You know what to do.

Coda | D | D | D | D   ‖

You Like Me Too Much

Words & Music by
George Harrison

Intro | G | B♭ D7 | G ||

Verse 1

(G)   Am
Though you've gone away this morning,
     C   G7
You'll be back again tonight,
    Am
Telling me there'll be no next time
   C   G7
If I just don't treat you right.

Chorus 1

    Bm7   D7
You'll never leave me and you know it's true,
    G   C   D
'Cause you like me too much and I like you.

Verse 2

    Am
You've tried before to leave me,
    C   G7
But you haven't got the nerve,
    Am
To walk out and make me lonely,
   C   G7
Which is all that I deserve.

Chorus 2

    Bm7   D7
You'll never leave me and you know it's true,
    G   C   D
'Cause you like me too much and I like you.

Bridge 1

Em⁷   A⁷
I really do,

        Bm⁷   A⁷
And it's nice when you believe me.

Em⁷ A⁷   D⁷
If   you leave me:

Verse 3

       Am
I will follow you and bring you

C   G⁷
Back where you belong,

           Am
'Cause I couldn't really stand it,

        C   G⁷
I'd admit that I was wrong.

Chorus 3

        Bm⁷   D⁷
I wouldn't let you leave me, 'cause it's true,

               G   C   D⁷
'Cause you like me too much and I like you.

Solo

| G | G | G | G | C | C |

| G | G | D⁷ | D⁷ | D⁷ | D⁷ ‖

(D⁷)   G   C   D
'Cause you like me too much and I like you.

Bridge 2   As Bridge 1

Verse 4

       Am
I will follow you

               C   G⁷
And bring you back where you belong,

           Am
'Cause I couldn't really stand it,

        C   G⁷
I'd admit that I was wrong.

Chorus 4

        Bm⁷   D⁷
I wouldn't let you leave me, 'cause it's true,

               G   C   D
'Cause you like me too much and I like you,

               G   C   D
'Cause you like me too much and I like you.

Coda | G | G | B♭ D⁷ | G   ‖

You Never Give Me Your Money

Words & Music by
John Lennon & Paul McCartney

Intro

| Am7 | Dm7 | G7 | C | |

| Fmaj7 | Bm7♭5 E7 | Am | Am | ‖

Verse 1

Am7   Dm7
You never give me your money,

G7   C
You only give me your funny paper,

Fmaj7   Bm7♭5 E7
And in the middle of negot - i - ations

    Am
You break down.

Verse 2

Am7   Dm7
I never give you my number,

G7   C
I only give you my situation,

Fmaj7   Bm7♭5 E7
And in the middle of invest - i - gation

Am   C/G G
I break down.

Bridge

    C   **E7**
   Out of college, money spent,
Am   **C7**
See no future, pay no rent,
F   **G**   **C**
All the money's gone, nowhere to go.

    C   **E7**
   Any jobber got the sack,
Am   **C7**
Monday morning turning back,
F   **G**   **C**
Yellow lorry slow, nowhere to go.

     B♭   **F**   **C**
But oh, that magic feeling,   nowhere to go!
B♭   **F**   **C**
Oh, that magic feeling,   nowhere to go!

Nowhere to go!

Link

‖: **B♭** | **F** | **C**   :‖ *Play 3 times*
  Ah, _____ ooh. _____

| **D7** | **E♭7 G7*** | **C7 A7** | **E♭7 C7** | **F♯7 E♭7** | **A7 F♯7 G7* G♯7** ‖

Verse 3

   A   **B**
   One sweet dream,
C   **E**   **A**
Pick up the bags and get in the limousine.
Dm   **G/D**
Soon we'll be away from here,
Am/D   **G/D**   **A**
Step on the gas and wipe away that tear away,
            B   **C* G/B** **A***
One sweet dream came true   today,
       C* G/B   **A***
Came true   today,
       C* G/B   **A***
Came true   today,
         C* G/B **A***
Yes it did…

Coda

  ‖: **C***   **G/B**
  One two three four, five, six, seven,
A*
All good children go to heaven… :‖ *Repeat to fade*

You Won't See Me

Words & Music by
John Lennon & Paul McCartney

Intro | D   A | A   ‖

Verse 1
          A   B7   D   A
When I call you up, your line's engaged,
              B7   D   A
I have had enough, so act your age.
            A7   D   Dm   A
We have lost the time that was hard to find,
                   B7
And I will lose my mind
    D   A
If you won't see me,

(You won't see me,)
D   A
You won't see me.

Verse 2
          A   B7   D   A
I don't know why you should want to hide,
                 B7   D   A
But I can't get through, my hands are tied.
           A7   D   Dm   A
I won't want to stay, I don't have much to say,
           B7
But I can turn away,
     D   A
And you won't see me,

(You won't see me,)
D   A
You won't see me.

Bridge 1

  Bm **Dm*** **Ddim** **A**
Time after time, you refuse to even listen,
B7   **D/E**   **E7**
I wouldn't mind if I knew what I was missing.

Verse 3

     A   **B7**   **D** **A**
Though the days are few, they're filled with tears,
    B7 **D** **A**
And since I lost you, it feels like years,
    A7   **D** **Dm**   **A**
Yes, it seems so long, girl, since you've been gone,
        B7
And I just can't go on,
  D **A**
If you won't see me,

(You won't see me,)
D **A**
You won't see me.

Bridge 2   As Bridge 1

Verse 4

     A   **B7**   **D** **A**
Though the days are few, they're filled with tears,
    B7 **D** **A**
And since I lost you, it feels like years,
    A7   **D** **Dm**   **A**
Yes, it seems so long, girl, since you've been gone,
        B7
And I just can't go on,
  D **A**
If you won't see me,

(You won't see me,)
D **A**
You won't see me,

(You won't see me.)

Coda   ‖: **A** | **B7** | **D** | **A** :‖ *Repeat to fade*

You're Going To Lose That Girl

Words & Music by
John Lennon & Paul McCartney

Chorus 1

(E)
You're gonna lose that girl,
　　　　　　　　　　　　　　　　　(C♯m)
　　　　　　(Yes, yes, you're gonna lose that girl.)

(F♯m)　　　　　　　　　　　　　　**(B7)**
You're gonna lose _____ that girl,
　　　　　　　(Yes, yes, you're gonna lose that girl.)

Verse 1

　　　　E　　　　　　　　　　　**G♯**
　　　If you don't take her out tonight,
　　　　　F♯m
She's gonna change her mind,　　　**B7**
　　　　　　　　　(She's gonna change her mind.)
　　　　E　　　　　　　　　　　**G♯**
　　　And I will take her out tonight,
　　　　　　F♯m
And I will treat her kind.　**B7**
　　　　　　　(I'm gonna treat her kind.)

Chorus 2　　　As Chorus 1

Verse 2

　　　　E　　　　　　　　　　　**G♯**
　　　If you don't treat her right, my friend,
　　　　　　F♯m
You're gonna find her gone,　　**B7**
　　　　　　(You're gonna find her gone,)
　　　　E　　　　　　　　　　　**G♯**
　　　'Cause I will treat her right and then
　　　　　　F♯m
You'll be the lonely one.　**B7**
　　　　　　(You're not the only one.)

Chorus 3

                    E
{ You're gonna lose that girl,   C♯m
               (Yes, yes, you're gonna lose that girl.)

          F♯m   B7
{ You're gonna lose _____ that girl,
            (Yes, yes, you're gonna lose that girl.)

          F♯m   D
You're gonna lose _____ (yes, yes, you're gonna lose that girl.)

Bridge 1

   G   C   G
  I'll make a point of taking her away from you,

(Watch what you do,) yeah.

                     C   F
The way you treat her, what else can I do?

Solo   ‖: E | G♯ | F♯m | B7   :‖

Chorus 4   As Chorus 3

Bridge 2   As Bridge 1

Verse 3   As Verse 1

Chorus 5

                    E
{ You're gonna lose that girl,   C♯m
               (Yes, yes, you're gonna lose that girl.)

          F♯m   B7
{ You're gonna lose _____ that girl,
            (Yes, yes, you're gonna lose that girl.)

          F♯m   D   A   E
You're gonna lose _____ that girl.

You've Got To Hide Your Love Away

Words & Music by
John Lennon & Paul McCartney

Verse 1

G	Dsus4	Fadd9	C	G

Here I stand, head in hand,

C   **Fadd9**   **C**
Turn my face to the wall.

G   **Dsus4** **Fadd9** **C** **G**
If she's gone I can't go on

C   **Fadd9** **C** **D**
Feeling two foot small. _____

Verse 2

G **Dsus4** **Fadd9** **C** **G**
Ev'rywhere peo - ple stare,

C   **Fadd9** **C**
Each and ev'ry day.

G   **Dsus4**   **Fadd9** **C** **G**
I can see them laugh at me,

C   **Fadd9** **C** **D** **D/C** **D/B** **D/A**
And I hear them say: _____

Chorus 1

G   **C**   **Dsus4** **D** **Dsus2** **D**
Hey, you've got to hide your love away. _____

G   **C**   **Dsus4** **D** **Dsus2** **D**
Hey, you've got to hide your love away. _____

Verse 3

G   Dsus4 Fadd9 C G
How can I   ev - en try?

C   Fadd9   C
I can never win.

G   Dsus4 Fadd9 C G
Hearing them, see - ing them

C   Fadd9 C   D
In the state I'm in. _____

Verse 4

G   Dsus4 Fadd9 C G
How could she   say   to me

C   Fadd9 C
Love will find a way?

G   Dsus4 Fadd9 C G
Gather round, all   you clowns,

C   Fadd9 C D D/C D/B D/A
Let me hear you say: _____

Chorus 2

G   C   Dsus4 D Dsus2 D
Hey, you've got to hide your love away. ____

G   C   Dsus4 D Dsus2 D
Hey, you've got to hide your love away. ____

Flute solo

| G Dsus4 Fadd9   C G | C   Fadd9 C |

| G Dsus4 Fadd9   C G | C   Fadd9 C | G ||

Your Mother Should Know

Words & Music by
John Lennon & Paul McCartney

Intro | Am | Am   ‖

Verse 1
Am   Fmaj7
Let's all get up and dance to a song
              A7/E   Dm
That was a hit before your mother was born.
G7   C   C/B   A7
Though she was born a long, long time ago,
                              D7
Your mother should know,
G7   C
   Your mother should know.
E7
Sing it again.

Verse 2
Am   Fmaj7
Let's all get up and dance to a song
              A7/E   Dm
That was a hit before your mother was born.
G7   C   C/B   A7
Though she was born a long, long time ago,
                              D7
Your mother should know,
G7   C
   Your mother should know.

Link 1 | E | Am | Fmaj7 | Fmaj7 | Fmaj7/G | C | E7   ‖

Verse 3

Am   Fmaj7
Lift up your hearts and sing me a song

              A7/E   Dm
That was a hit before your mother was born.

G7   C   C/B A7
Though she was born a long, long time ago,

                         D7
Your mother should know,

G7   C
   Your mother should know.

A7   D7
   Your mother should know,

G7   C
   Your mother should know.

Link 2

| E | Am | Fmaj7 | Fmaj7 | Fmaj7/G | C | |

E7
Sing it again…

Verse 4

Am   Fmaj7
Da da da da da, da da da da

              A7/E   Dm
Da da da, da da da da, da da da da.

G7   C   C/B A7
Though she was born a long, long time ago,

                         D7   G7
Your mother should know, (your mother should,)

                         C   A7
Your mother should know, ye - eah.

                         D7   G7
Your mother should know, (your mother should,)

                         C   A7
Your mother should know, ye - eah.

                         D7   G7
Your mother should know, (your mother should,)

                         C
Your mother should know, ye - eah.

Discography
This discography is of all British Beatles
recordings in the order of their release.
All CDs released up to publication of this
book are also indicated.
The singer of each song is shown in brackets.
Album and **EP titles**, and **A-sides** are
shown in bold.

1962

Love Me Do (Paul)/**P.S. I Love You** (Paul)
PARLOPHONE R 4949. PRODUCED: GEORGE MARTIN
RELEASED: OCTOBER 5 1962
RE-RELEASED AS PARLOPHONE CD3R 4949, NOVEMBER 1988

1963

Please Please Me (John)/
Ask Me Why (John)
PARLOPHONE R 4983. PRODUCED: GEORGE MARTIN
RELEASED JANUARY 12, 1963
RE-RELEASED AS PARLOPHONE CD3R 4983, NOVEMBER 1988

From Me To You (John and Paul)/
Thank You Girl (John and Paul)
PARLOPHONE R 5015. PRODUCED: GEORGE MARTIN
RELEASED: APRIL 11, 1963
RE-RELEASED AS PARLOPHONE CD3R 5015, NOVEMBER 1988

'Please Please Me'
PARLOPHONE PCS 3042. PRODUCED: GEORGE MARTIN
RELEASED: APRIL 1963
RE-RELEASED PARLOPHONE CDP7 464352, FEBRUARY 1987
I Saw Her Standing There (Paul)/Misery
(John and Paul)/Anna (John)/Chains
(George)/Boys (Ringo)/Ask Me Why
(John)/Please Please Me (John)/Love Me
Do (Paul)/P.S. I Love You (Paul)/Baby It's
You (John)/Do You Want To Know A
Secret? (George)/A Taste Of Honey
(Paul)/There's A Place (John and
Paul)/Twist And Shout (John)

She Loves You (John and Paul)/
I'll Get You (John and Paul)
PARLOPHONE R 5055. PRODUCED: GEORGE MARTIN
RELEASED: AUGUST 23, 1963
RE-RELEASED AS PARLOPHONE CD3R 5055, NOVEMBER 1988

'The Beatles' Hits'
PARLOPHONE GEP 8880. PRODUCED GEORGE MARTIN
RELEASED: SEPTEMBER 1963
From Me To You/Thank You Girl/
Please Please Me/Love Me Do

'Twist And Shout'
PARLOPHONE GEP 8882. PRODUCED: GEORGE MARTIN
RELEASED: SEPTEMBER 1963
Twist And Shout/A Taste Of Honey/
Do You Want To Know A Secret?/
There's A Place

I Want To Hold Your Hand (John and
Paul)/**This Boy** (John and Paul)
PARLOPHONE R 5084. PRODUCED: GEORGE MARTIN
RELEASED: NOVEMBER 29, 1963
RE-RELEASED AS PARLOPHONE CD3R 5084, JANUARY 1989

'The Beatles No. 1'
PARLOPHONE GEP 8883. PRODUCED: GEORGE MARTIN
RELEASED: NOVEMBER 1963
I Saw Her Standing There/Misery/
Anna/Chains

'With The Beatles'
PARLOPHONE PCS 3045. PRODUCED: GEORGE MARTIN
RELEASED: NOVEMBER 22, 1963
RE-RELEASED AS PARLOPHONE CDP7 46436 2, FEBRUARY 1987
It Won't Be Long (John)/All I've Got To Do
(John)/All My Loving (Paul)/Don't Bother
Me (George)/Little Child (John)/Till There
Was You (Paul)/Please Mr Postman (John)/
Roll Over Beethoven (George)/Hold Me
Tight (Paul)/You Really Got A Hold On Me
(John)/I Wanna Be Your Man (Ringo)/
Devil In Her Heart (George)/Not A Second
Time (John)/Money (John)

1964

'All My Loving'
PARLOPHONE GEP 8891. PRODUCED: GEORGE MARTIN
RELEASED: FEBRUARY 7, 1964

All My Loving/Ask Me Why/Money/
P.S. I Love You

Can't Buy Me Love (Paul)/
You Can't Do That (John)
PARLOPHONE R 5114. PRODUCED: GEORGE MARTIN
RELEASED: MARCH 20, 1964
RE-RELEASED AS PARLOPHONE CD3R 5114, JANUARY 1989.

'Long Tall Sally'
PARLOPHONE GEP 8913. PRODUCED: GEORGE MARTIN
RELEASED: JUNE 19, 1964

I Call Your Name (John)/Slow Down
(John and Paul)/Long Tall Sally
(Paul)/Matchbox (Ringo)

A Hard Day's Night (John plus Paul)/
Things We Said Today (Paul)
PARLOPHONE R 5160. PRODUCED: GEORGE MARTIN
RELEASED: JULY 10, 1964
RE-RELEASED AS PARLOPHONE CD3R 5160, FEBRUARY 1989

'A Hard Day's Night'
PARLOPHONE PCS 3058. PRODUCED: GEORGE MARTIN
RELEASED: JULY 10, 1964
RE-RELEASED AS PARLOPHONE CDP7 46437 2, FEBRUARY 1987

A Hard Day's Night (John plus Paul)/
I Should Have Known Better (John)/
If I Fell (John and Paul)/I'm Happy Just To
Dance With You (George)/And I Love Her
(Paul)/Tell Me Why (John, Paul and
George)/Can't Buy Me Love (Paul)/
Any Time At All (John)/I'll Cry Instead
(John)/Things We Said Today (Paul)/
When I Get Home (John)/You Can't Do
That (John)/I'll Be Back (John and Paul)

I Feel Fine (John)/She's A Woman (Paul)
PARLOPHONE R 5200. PRODUCED: GEORGE MARTIN
RELEASED: NOVEMBER 27, 1964
RE-RELEASED AS PARLOPHONE CD3R 5200, FEBRUARY 1989

'A Hard Day's Night No. 1'
PARLOPHONE GEP 8920. PRODUCED: GEORGE MARTIN
RELEASED: NOVEMBER 4, 1964

I Should Have Know Better/If I Fell/
Tell Me Why/And I Love Her

'A Hard Day's Night No. 2'
PARLOPHONE GEP 8924. PRODUCED: GEORGE MARTIN
RELEASED: NOVEMBER 6, 1964

Any Time At All/I'll Cry Instead/
Things We Said Today/When I Get Home

'Beatles For Sale'
PARLOPHONE PCS 3062. PRODUCED: GEORGE MARTIN
RELEASED: NOVEMBER 27, 1964
RE-RELEASED AS PARLOPHONE CDP7 464382, 1988

No Reply (John)/I'm A Loser (John)/
Baby's In Black (John plus Paul)/Rock And
Roll Music (John)/I'll Follow The Sun
(Paul)/Mr Moonlight (John)/Kansas City
(Paul)/Eight Days A Week (John and Paul)/
Words Of Love (John and Paul)/
Honey Don't (Ringo)/Every Little Thing
(John plus Paul)/I Don't Want To Spoil The
Party (John)/What You're Doing (Paul)/
Everybody's Trying To Be My Baby (George)

1965

Ticket To Ride (John)/
Yes It Is (John plus Paul)
PARLOPHONE R 5265. PRODUCED: GEORGE MARTIN
RELEASED: APRIL 9, 1965
RE-RELEASED AS PARLOPHONE CD3R 5265, MARCH 1989

'Beatles For Sale No. 1'
PARLOPHONE GEP 8931. PRODUCED: GEORGE MARTIN
RELEASED: APRIL 6, 1965

No Reply/I'm A Loser/
Rock And Roll Music/Eight Days A Week

'Beatles For Sale No. 2'
PARLOPHONE GEP 8938. PRODUCED GEORGE MARTIN
RELEASED: JUNE 4, 1965

I'll Follow The Sun/Baby's In Black/
Words Of Love/
I Don't Want To Spoil The Party

Help! (John)/I'm Down (Paul)
PARLOPHONE R 5305. PRODUCED: GEORGE MARTIN
RELEASED: JULY 23, 1965

'Help!'
PARLOPHONE PCS 3071. PRODUCED: GEORGE MARTIN
RELEASED: AUGUST 1965
RE-RELEASED AS PARLOPHONE CDP7 46439 2, APRIL 1987

Help! (John)/The Night Before (Paul)/
You've Got To Hide Your Love Away (John)/
I Need You (George)/Another Girl (Paul)/
You're Gonna Lose That Girl (John)/
Ticket To Ride (John)/Act Naturally
(Ringo)/It's Only Love (John)/
You Like Me Too Much (George)/
Tell Me What You See (John plus Paul)/
I've Just Seen A Face (Paul)/Yesterday
(Paul)/Dizzy Miss Lizzy (John)

'Rubber Soul'

PARLOPHONE PCS 3075. PRODUCED: GEORGE MARTIN
RELEASED: DECEMBER 3, 1965
RE-RELEASED AS PARLOPHONE CDP7 46440 2, APRIL 1987

Drive My Car (Paul)/Norwegian Wood
(John)/You Won't See Me (Paul)/Nowhere
Man (John)/Think For Yourself (Paul)/
The Word (John plus Paul)/Michelle (Paul)/
What Goes On (Ringo)/Girl (John)/
I'm Looking Through You (Paul)/
In My Life (John)/Wait (John plus Paul)/
If I Needed Someone (George)/
Run For Your Life (John)

Day Tripper (John plus Paul)/
We Can Work It Out (Paul)

PARLOPHONE R 5389. PRODUCED: GEORGE MARTIN
RELEASED: DECEMBER 3, 1965
RE-RELEASED AS PARLOPHONE CD3R 5389, APRIL 1989

'Beatles Million Sellers'

PARLOPHONE GEP 8946. PRODUCED: GEORGE MARTIN
RELEASED: DECEMBER 5, 1965

She Loves You/I Want To Hold Your
Hand/Can't Buy Me Love/I Feel Fine

1966

'Yesterday'

PARLOPHONE GEP 8948. PRODUCED: GEORGE MARTIN
RELEASED: MARCH 4, 1966

Act Naturally/You Like Me Too Much/
Yesterday/It's Only Love

Paperback Writer (Paul)/Rain (John)

PARLOPHONE R 5452. PRODUCED: GEORGE MARTIN
RELEASED: JUNE 10, 1966
RE-RELEASED AS PARLOPHONE CD3R 5452, APRIL 1989

'Nowhere Man'

PARLOPHONE GEP 8952. PRODUCED: GEORGE MARTIN
RELEASED: JULY 8, 1966

Nowhere Man/Drive My Car/Michelle/
You Won't See Me

'Revolver'

PARLOPHONE PCS 7009. PRODUCED: GEORGE MARTIN
RELEASED: AUGUST 5, 1966
RE-RELEASED AS PARLOPHONE CDP7 46441 2, APRIL 1987

Taxman (George)/Eleanor Rigby (Paul)/
I'm Only Sleeping (John)/Love You To
(George)/Here, There And Everywhere
(Paul)/Yellow Submarine (Ringo)/She Said
She Said (John)/Good Day Sunshine (Paul)/
And Your Bird Can Sing (John)/
For No One (Paul)/Doctor Robert (John)/
I Want To Tell You (George)/
Got To Get You Into My Life (Paul)/
Tomorrow Never Knows (John)

Eleanor Rigby (Paul)/
Yellow Submarine (Ringo)

PARLOPHONE R 5493. PRODUCED: GEORGE MARTIN
RELEASED: AUGUST 8, 1966
RE-RELEASED AS PARLOPHONE CD3R 5493, MAY 1989

'A Collection Of Oldies… But Goldies'

PARLOPHONE PCS 7016. PRODUCED: GEORGE MARTIN
RELEASED: NOVEMBER 1966

She Loves You/From Me To You/
We Can Work It Out/Help!/Michelle/
Yesterday/I Feel Fine/Yellow Submarine/
Can't Buy Me Love/Bad Boy/
Day Tripper/A Hard Day's Night/
Ticket To Ride/Paperback Writer/
Eleanor Rigby/I Want To Hold Your Hand

1967

Penny Lane (Paul)/
Strawberry Fields Forever (John)

PARLOPHONE R 5570. PRODUCED: GEORGE MARTIN
RELEASED: FEBRUARY 17, 1967
RE-RELEASED AS PARLOPHONE CD3R 5570, MAY 1988

'Sgt. Pepper's Lonely Hearts Club Band'

PARLOPHONE PCS 7027. PRODUCED: GEORGE MARTIN
RELEASED: JUNE 1, 1967
RE-RELEASED AS PARLOPHONE CDP7 46442 2

Sgt. Pepper's Lonely Hearts Club Band
(Paul and John)/With A Little Help From
My Friends (Ringo)/Lucy In The Sky With
Diamonds (John)/Getting Better
(Paul)/Fixing A Hole (Paul)/She's Leaving
Home (Paul)/Being For The Benefit Of Mr
Kite (John)/Within You, Without You
(George)/When I'm Sixty Four (Paul)/
Lovely Rita (Paul)/Good Morning,
Good Morning (John)/A Day In The Life
(John and Paul)

All You Need Is Love (John)/
Baby You're A Rich Man (John)

PARLOPHONE R 5620. PRODUCED: GEORGE MARTIN
RELEASED: JULY 7, 1967
RE-RELEASED AS PARLOPHONE CD3R 5620, JUNE 1989.

Hello Goodbye (Paul)/
I Am The Walrus (John)

PARLOPHONE R 5655. PRODUCED: GEORGE MARTIN
RELEASED: NOVEMBER 14, 1967
RE-RELEASED AS PARLOPHONE CD3R 5655, JUNE 1989

'Magical Mystery Tour'

PARLOPHONE SMMT 1/2. PRODUCED: GEORGE MARTIN
RELEASED: DECEMBER 1967
RELEASED WITH ADDITIONAL TRACKS IN LP FORMAT AS
PCTC 255, DECEMBER 4, 1976.
RE-RELEASED AS PARLOPHONE CDP7 48062 2, OCTOBER 1987

Magical Mystery Tour (John and Paul)/
Your Mother Should Know (Paul)/
I Am The Walrus (John)/The Fool On
The Hill (Paul)/Flying (instrumental)/
Blue Jay Way (George)

1968

Lady Madonna (Paul)/
The Inner Light (George)

PARLOPHONE R 5675. PRODUCED: GEORGE MARTIN
RELEASED: MARCH 15, 1968
RE-RELEASED AS PARLOPHONE CD34 5675, JULY 1989

Hey Jude (Paul)/**Revolution** (John)

APPLE R5722. PRODUCED: GEORGE MARTIN
RELEASED: AUGUST 1968
RE-RELEASED AS PARLOPHONE CD3R 5722, JULY 1989

'The Beatles'
(The White Album)

APPLE PCS 7067/68. PRODUCED: GEORGE MARTIN
RELEASED: NOVEMBER 1968
RE-RELEASED AS PARLOPHONE CD57 464439

Back In The U.S.S.R. (Paul)/
Dear Prudence (John)/Glass Onion (John)/
Ob-La-Di, Ob-La-Da (Paul)/
Wild Honey Pie (Paul)/The Continuing
Story Of Bungalow Bill (John)/
While My Guitar Gently Weeps (George)/
Happiness Is A Warm Gun (John)/
Martha My Dear (Paul)/I'm So Tired
(John)/Blackbird (Paul)/Piggies (George)/
Rocky Raccoon (Paul)/Don't Pass Me By
(Ringo)/Why Don't We Do It In The Road
(Paul)/I Will (Paul)/Julia (John)/
Birthday (Paul)/Yer Blues (John)/Mother
Nature's Son (Paul)/Everybody's Got
Something To Hide Except Me And My
Monkey (John)/Sexy Sadie (John)/Helter
Skelter (Paul)/Long Long Long
(George)/Revolution 1 (John)/
Honey Pie (Paul)/Savoy Truffle (George)/
Cry Baby Cry (John)/Revolution 9
(instrumental)/Goodnight (Ringo)

'Yellow Submarine'

APPLE PCS 7070. PRODUCED: GEORGE MARTIN
RELEASED: DECEMBER 1968
RE-RELEASED AS PARLOPHONE CDP7 46445 2

Yellow Submarine (Ringo)/Only A
Northern Song (George)/All Together
Now(John, Paul, George and Ringo)/
Hey Bulldog (John)/It's All Too Much
(George)/All You Need Is Love (John)
*The other side of the album featured film music
by the George Martin Orchestra*

1969

Get Back (Paul)/
Don't Let Me Down (John)

APPLE R 5777. PRODUCED: GEORGE MARTIN
RELEASED: APRIL 15, 1969
RE-RELEASED AS PARLOPHONE CD3R 5777, AUGUST 1989

The Ballad Of John And Yoko (John)/
Old Brown Shoe (George)

APPLE R 5786. PRODUCED: GEORGE MARTIN
RELEASED: MAY 30, 1969
RE-RELEASED AS PARLOPHONE CD3R 5786, AUGUST 1989

'Abbey Road'

APPLE PCS 7088. PRODUCED: GEORGE MARTIN
RELEASED: SEPTEMBER 26, 1969
RE-RELEASED AS PARLOPHONE CDP7 46446 2, OCTOBER 1987

Come Together (John)/Something (George)/
Maxwell's Silver Hammer (Paul)/
Oh! Darling (Paul)/Octopus's Garden
(Ringo)/I Want You – She's So Heavy
(John)/Here Comes The Sun (George)/
Because (John, Paul and George)/
You Never Give Me Your Money (Paul)/
Sun King (John, Paul and George)/
Mean Mr Mustard (Paul)/ Polythene Pam
(John)/She Came In Through The
Bathroom Window (Paul)/Golden Slumbers
(Paul)/Carry That Weight (John, Paul,
George and Ringo)/The End (Paul)/
Her Majesty (Paul)

Something (George)/
Come Together (John)

APPLE R 5814. PRODUCED: GEORGE MARTIN
RELEASED: OCTOBER 31, 1969
RE-RELEASED AS PARLOPHONE CD3R 5814, SEPTEMBER 1989

Let It Be (Paul)/**You Know My Name (Look Up The Number)** (John and Paul)

APPLE 5833. PRODUCED: GEORGE MARTIN
RELEASED: MARCH 6, 1970
RE-RELEASED AS PARLOPHONE CD3R 5833, SEPTEMBER 1989

'Let It Be'

APPLE PCS 7096. PRODUCED: GEORGE MARTIN,
GLYN JOHNS AND PHIL SPECTOR
RELEASED: MAY 8, 1970
RE-RELEASED AS PARLOPHONE CDP7 46447 2, OCTOBER 1987

Two Of Us (John and Paul)/Dig A Pony (John)/Across The Universe (John)/ I Me Mine (George)/Dig It (John)/ Let It Be (Paul)/Maggie Mae (John)/ I've Got A Feeling (Paul)/One After 909 (John and Paul)/The Long And Winding Road (Paul)/For You Blue (George)/ Get Back (Paul)

1973

'The Beatles/1962-1966'

APPLE PCSP 717. PRODUCED: GEORGE MARTIN
RELEASED: MAY 5, 1973
RE-RELEASED AS PARLOPHONE BEACD 2511, SEPTEMBER 1993

Love Me Do/Please Please Me/ From Me To You/She Loves You/ I Want To Hold Your Hand/ All My Loving/Can't Buy Me Love/ A Hard Day's Night/And I Love Her/ Eight Days A Week/I Feel Fine/ Ticket To Ride/Yesterday/Help!/ You've Got To Hide Your Love Away/ We Can Work It Out/Day Tripper/ Drive My Car/Norwegian Wood/ Nowhere Man/Michelle/In My Life/ Girl/Paperback Writer/Eleanor Rigby/ Yellow Submarine

'The Beatles/1967-1970'

APPLE PCSP 718. PRODUCED: GEORGE MARTIN
AND PHIL SPECTOR
RELEASED: MAY 5, 1973
RE-RELEASED AS PARLOPHONE BEACD 2512, SEPTEMBER 1993

Strawberry Fields Forever/Penny Lane/ Sgt. Pepper's Lonely Hearts Club Band/ With A Little Help From My Friends/ Lucy In The Sky With Diamonds/ A Day In The Life/All You Need Is Love/ I Am The Walrus/Hello Goodbye/ The Fool On The Hill/Magical Mystery Tour/Lady Madonna/Hey Jude/ Revolution/Back In The U.S.S.R./ While My Guitar Gently Weeps/Ob-La-Di, Ob-La-Da/Get Back/Don't Let Me Down/ The Ballad Of John And Yoko/Old Brown Shoe/Here Comes The Sun/Come Together/Something/Octopus's Garden/ Let It Be/Across The Universe/ The Long And Winding Road

1976

'Rock 'n' Roll Music'

PARLOPHONE PCSP 719. PRODUCED: GEORGE MARTIN
RELEASED: JUNE 14, 1976
(CURRENTLY UNAVAILABLE ON CD.)

Back In The U.S.S.R./ Twist And Shout

PARLOPHONE R 6016. PRODUCED: GEORGE MARTIN
RELEASED: JUNE 25, 1976

1977

'The Beatles Live! At The Star Club In Hamburg, Germany: 1962'

LINGASONG LNL1
RELEASED: MAY 1, 1977
(CURRENTLY UNAVAILABLE ON CD.)

'The Beatles At The Hollywood Bowl'

PARLOPHONE EMTV 4. PRODUCED: VOYLE GILMORE
AND GEORGE MARTIN
RELEASED: MAY 6, 1977
(CURRENTLY UNAVAILABLE ON CD.)

'Love Songs'

PARLOPHONE PCSP 721. PRODUCED: GEORGE MARTIN
RELEASED: NOVEMBER 28, 1977
(CURRENTLY UNAVAILABLE ON CD.)

1979

'Hey Jude'

PARLOPHONE PCS 7184. PRODUCED: GEORGE MARTIN
RELEASED: MAY 1979
(CURRENTLY UNAVAILABLE ON CD.)

'Rarities'

PARLOPHONE PCM 1001. PRODUCED: GEORGE MARTIN
RELEASED: SEPTEMBER 1979
(CURRENTLY UNAVAILABLE ON CD.)

1980

'Beatles Ballads'

PARLOPHONE PCS 7214. PRODUCED: GEORGE MARTIN
RELEASED: OCTOBER 1980
(CURRENTLY UNAVAILABLE ON CD.)

'Rock 'n' Roll Music vol. 1'

MFP 50506. PRODUCED: GEORGE MARTIN
RELEASED: NOVEMBER 1980
(CURRENTLY UNAVAILABLE ON CD.)

'Rock 'n' Roll Music vol. 2'

MFP 50507. PRODUCED: GEORGE MARTIN
RELEASED: NOVEMBER 1980
(CURRENTLY UNAVAILABLE ON CD.)

1982

'Reel Music'

PARLOPHONE PCS 7218. PRODUCED: GEORGE MARTIN
RELEASED: MARCH 1982
(CURRENTLY UNAVAILABLE ON CD.)

'20 Greatest Hits'

PARLOPHONE PCTC 260. PRODUCED: GEORGE MARTIN
RELEASED OCTOBER 1982
(CURRENTLY UNAVAILABLE ON CD.)

1988

'Past Masters'

PARLOPHONE BPM 1. PRODUCED: GEORGE MARTIN
RELEASED: MARCH 1988. RE-RELEASED AS
'PASTMASTERS VOL. 1, PARLOPHONE CDBPM 1 AND
PASTMASTERS VOL. 2, PARLOPHONE CDBPM 2. MARCH 1988

Vol. 1

Love Me Do/From Me To You/Thank You Girl/She Loves You/I'll Get You/I Want To Hold Your Hand/This Boy/Komm, Gib Mir Deine Hand/Sie Liebt Dich/Long Tall Sally/I Call Your Name/Slow Down/Matchbox/I Feel Fine/She's A Woman/Bad Boy/Yes It Is/I'm Down

Vol. 2

Day Tripper/We Can Work It Out/Paperback Writer/Rain/Lady Madonna/The Inner Light/Hey Jude/ Revolution/Get Back/Don't Let Me Down/ The Ballad Of John And Yoko/Old Brown Shoe/Across The Universe/Let It Be/ You Know My Name (Look Up The Number)

'The Beatles Live At The BBC'

APPLE 7243 8 31796 2 6
RELEASED: NOVEMBER 1994

Disc One

Beatle Greetings (Speech)/From Us To You/Riding On A Bus (Speech)/I Got A Woman (John)/ Too Much Monkey Business (John)/Keep Your Hands Off My Baby/I'll Be On My Way (Paul)/Young Blood (George)/A Shot Of Rhythm And Blues/Sure To Fall (In Love With You) (Paul)/Some Other Guy/Thank You Girl/Sha La La La La! (Speech)/Baby, It's You (John)/That's All Right (Mama) (Paul)/Carol (John)/Soldier Of Love (John)/A Little Rhyme (Speech)/Clarabella (Paul)/I'm Gonna Sit Right Down And Cry (Over You)/Crying, Waiting, Hoping (George)/Dear Wack! (Speech)/You Really Got A Hold On Me (John)/To Know Her Is To Love Her (John)/ A Taste Of Honey (Paul)/Long Tall Sally (Paul)/I Saw Her Standing There (Paul)/The Honeymoon Song (Paul)/Johnny B. Goode (John)/Memphis, Tennessee/Lucille (Paul)/ Can't Buy Me Love/From Fluff To You (Speech)/Till There Was You (Paul)

Disc Two

Crinsk Dee Night (Speech)/A Hard Day's Night/Have A Banana! (Speech)/I Wanna Be Your Man/Just A Rumour (Speech)/ Roll Over Beethoven/All My Loving/ Things We Said Today/She's A Woman/Sweet Little Sixteen (John)/ 1822! (Speech)/Lonesome Tears In My Eyes (John)/Nothin' Shakin' (George)/ The Hippy Hippy Shake (Paul)/Glad All Over (George)/I Just Don't Understand/ So How Come (No One Loves Me)/ I Feel Fine/I'm A Loser/Everybody's Trying To Be My Baby/Rock & Roll Music/ Ticket To Ride/Dizzy Miss Lizzy/Medley: Kansas City, Hey! Hey! Hey! Hey!/Set Fire To That Lot (Speech)/Matchbox/I Forgot To Remember To Forget/Love Those Goon Shows (Speech)/I Got To Find My Baby (John)/Ooh! My Soul (Paul)/Ooh! My Arms (Speech)/Don't Ever Change (George)/ Slow Down/Honey Don't/Love Me Do

Baby It's You/I'll Follow The Sun/ Devil In Her Heart/Boys

APPLE CDR 6406
RELEASED: MARCH 20 1995

'Anthology I'

APPLE 7243 8 34445 2 5
RELEASED: NOVEMBER 1995

Disc One

Free As A Bird (John)/We Were Four Guys... (Speech)/That'll Be The Day/In Spite Of All The Danger/Sometimes I'd Borrow... (Speech)/ Hallelujah, I Love Her So/You'll Be Mine (John)/Cayenne (Paul)/First Of All... (Speech)/My Bonnie/Ain't She Sweet (John)/Cry For A Shadow/Brian Was A Beautiful Guy... (Speech)/I Secured Them... (Speech)/Searchin'/Three Cool Cats (George)/The Sheik Of Araby/ Like Dreamers Do (Paul)/Hello Little Girl (John)/Well, The Recording Test... (Speech)/Besame Mucho/Love Me Do/How Do You Do It (John)/Please Please Me/One After 909/Lend Me Your Comb/I'll Get You/We Were Performers... (Speech)/I Saw Her Standing There/From Me To You/Money (That's What I Want)/ You Really Got A Hold On Me/Roll Over Beethoven

Disc Two

She Loves You/Till There Was You/Twist And Shout/This Boy/I Want To Hold Your Hand/Boys, What I Was Thinking... (Speech)/Moonlight Bay/Can't Buy Me Love/All My Loving/You Can't Do That/And I Love Her/A Hard Day's Night/I Wanna Be Your Man/Long Tall Sally/Boys/Shout/I'll Be Back/You Know What To Do (George)/No Reply/Mr Moonlight/Leave My Kitten Alone (John)/ No Reply/Eight Days A Week/Kansas City, Hey! Hey! Hey! Hey!

Free As A Bird/I Saw Her Standing There/This Boy/Christmas Time (Is Here Again)

APPLE CDR 6422

1996
'Anthology II'
APPLE 7243 8 3 4448 23
RELEASED: MARCH 1996

Disc One

Real Love (John)/Yes It Is/I'm Down/You've Got To Hide Your Love Away/If You've Got Trouble/That Means A Lot/Yesterday/It's Only Love/I Feel Fine/Ticket To Ride/Yesterday/Help!/ Everybody's Trying To Be My Baby/ Norwegian Wood (This Bird Has Flown)/ I'm Looking Through You/12-Bar Original/Tomorrow Never Knows/Got To Get You Into My Life/And Your Bird Can Sing/Taxman/Eleanor Rigby/ I'm Only Sleeping/Rock & Roll Music/ She's A Woman

Disc Two

Strawberry Fields Forever/Penny Lane/ A Day In The Life/Good Morning, Good Morning/Only A Northern Song/ Being For The Benefit Of Mr Kite/ Lucy In The Sky With Diamonds/ Within You, Without You/ Sgt. Pepper's Lonely Hearts Club Band (Reprise)/You Know My Name (Look Up The Number)/I Am The Walrus/ The Fool On The Hill/Your Mother Should Know/The Fool On The Hill/ Hello, Goodbye/Lady Madonna/ Across The Universe

Real Love/Baby's In Black/ Yellow Submarine/ Here, There & Everywhere
APPLE CDR 6425
RELEASED MARCH 1996

'Anthology III'
APPLE 7243 8 34451 27
RELEASED: OCTOBER 1996

Disc One

A Beginning/Happiness Is A Warm Gun/Helter Skelter/Mean Mr Mustard/Polythene Pam/Glass Onion/Junk/Piggies/Honey Pie/Don't Pass Me By/Ob-La-Di, Ob-La-Da/Good Night/Cry Baby/Blackbird/Sexy Sadie/ While My Guitar Gently Weeps/Hey Jude/ Not Guilty/Mother Nature's Son/ Glass Onion/Rocky Raccoon/What's The New Mary Jane (John and George, with Yoko)/Step Inside Love/Los Paranoias/ I'm So Tired/I Will/Why Don't We Do It In The Road/Julia

Disc Two

I've Got A Feeling/She Came In Through The Bathroom Window/Dig A Pony/ Two Of Us/For You Blue/Teddy Boy (Paul)/Medley: Rip It Up; Shake, Rattle & Roll; Blue Suede Shoes/The Long And Winding Road/Oh! Darling/All Things Must Pass (George)/Mailman, Bring Me No More Blues (John)/Get Back/ Old Brown Shoe/Octopus's Garden/ Maxwell's Silver Hammer/Something/ Come Together/Come And Get It/Ain't She Sweet (John)/Because/Let It Be/ I Me Mine/The End